开口学诵读

——从字词句篇入手

过传忠 著

密切结合语文教学

融入朗读理论讲解

名家诵读经典篇目

上海教育音像出版社 上海科学技术文献出版社

图书在版编目（CIP）数据

开口学诵读：从字词句篇入手 / 过传忠著．—上海：上海科学技术文献出版社，2021
ISBN 978-7-5439-8388-5

Ⅰ．① 开… Ⅱ．①过… Ⅲ．①汉语—朗诵—青少年读物 Ⅳ．① H119-49

中国版本图书馆 CIP 数据核字 (2021) 第 139576 号

策划编辑：罗　媛
责任编辑：王　珺　段梦妃　黄婉清
装帧设计：王　琳　黄亚玲

开口学诵读——从字词句篇入手
KAIKOU XUE SONGDU：CONG ZICIJUPIAN RUSHOU
过传忠　著
出版发行：上海科学技术文献出版社　上海教育音像出版社
经　　销：全国新华书店
印　　刷：常熟市华顺印刷有限公司
开　　本：890mm×1240mm　1/32
印　　张：9.375
字　　数：177 000
版　　次：2021 年 8 月第 1 版　2021 年 8 月第 1 次印刷
书　　号：ISBN 978-7-5439-8388-5
定　　价：68.00 元
http://www.sstlp.com

序 一

过传忠老师是沪上知名的语文特级教师，多年从事中学语文教学，还曾以特约主持人身份主持《今日一字》《诗情画意》《中华成语趣谈》《文学名著趣谈》等一系列与语文和朗诵相关的电视节目，受到好评。这次过老师的新作《开口学诵读》，可以说又是一次很有价值的探索。结合新技术，他把多年对于诵读的研究和实践，以文本和语音的双重形式呈现，既展现诵读的美，又形成诵读的学习阶梯。读罢此书，有三个想法：

一是全社会应该更加重视诵读，特别要重视青少年学生的诵读。语言是思维得以具象化的工具，是思维基本的形式和表达思维的方式。当我们思考的时候，脑海里往往会有一个声音，这个声音正源自儿时的朗读。儿时的大声读，实质上会把朗读者

的声音，铭刻在自己的大脑深处，而有利于思维能力的自我培养。诵读时，需要集中精力，使得脑神经处于高度兴奋状态，这本身就能刺激朗读者深入理解文章和诗词，记住相关的诵读内容，提高对文章字句的分析能力，增强话语的流利程度。诵读同时也能让朗读者体会到文章叙述的节奏美和音乐美，提高与文章内在思想的情感互动，对身心大有好处。

二在于诵读是一门技术活，需要长时间有章法的训练才能达到较高的水准。所谓诵读的技巧，正是指诵读者为了准确地理解并传达作品的思想内容和感情，而对有声语言所进行的设计和处理，这是一种具有创造性的语言活动。这些设计和处理是从作品内容出发的。通过正确处理语言的断连、轻重、抑扬，使语言生动、形象，具有表现力和音乐性，并使诵读者从中体悟到语言之美和思想之美。本书共“把字读准”“把词读活”“把句读透”“把篇读全”四个章节，一步步教导诵读者把握字词句篇的诵读技巧，养成诵读兴趣，十分有参考价值。我觉得语文老师们都应当来研读和掌握。本书最后提供的选文合集也可供家长陪着孩子一起诵读。诵读爱好者更可以从中获取灵感，提升自己的阅读能力和诵读艺术性。

三则是要呼吁中小学语文教学改革，提高诵读的教学要求，改变语文教学的评估方式。受应试教育的影响和技术的限制，传统语文考试以纸笔进行测试，语文教学偏重于文本的理解和写作，导致教学在语言的四个核心“读写听说”中更偏重于写，读得很少，听和说根本没有考核。只有“字词句篇”的形，没有“字词句篇”的音，致使语文教学进一步聚焦在“语、修、逻、文”的工具性方面。语文教育的失“声”，大大降低了语文学科的人文性和思想性。现在去学校，已经很少听到朗朗的读书声，因此我认为中考语文、高考语文应该把“听说读写”作为改革的方向，增加语文听说考试的内容和要求，而将文本的诵读纳入必考的内容。现在外语考试都有听说考试了，高考语文却还停留在原来的样子，不得不说是一件十分遗憾的事情。

曾国藩在谈到自己的诵读体会时曾说："非高声朗读则不能得其雄伟之概，非密咏恬吟则不能探其深远之韵。"让我们翻开《开口学诵读》，开启神奇的诵读之旅吧。

全国政协委员、上海市教育委员会副主任　倪闽景

序 二

过传忠老师的《开口学诵读》一书即将问世，过老师让我为这本书写序，在受宠若惊之余也觉得非常忐忑。过老师是我崇敬的教育家、前辈，我怕我的水平不能将过老师这部集一生经验和心血的《开口学诵读》介绍清楚，但在过老师几次真诚的邀请之下，我怀着恭敬与学习之心写下了这篇序。

熟知过传忠老师的大名是在20世纪80年代的电视节目里，那时他经常在上海电视台、中央电视台的《今日一字》《诗情画意》《中华成语趣谈》《文学名著趣谈》等一系列专题节目中出现。过老师是上海一位知性儒雅、才高八斗，在朗诵方面有非常高造诣的特级语文教师。他讲课时的语气、语调绘声绘色，将中国文字解读得如此精彩纷呈；他朗诵作品的时候，又是那样的声情并茂，对于听众来说更是一种享受。

目前，语文教学中“重文轻语”的现象比较普遍。老师可以将字、词、句分析得头头是道，精彩纷呈。可一读一诵，却千字一腔、万字一调，没有层次、没有变化，不能体现出中国文字“一字一画”的特色。孩子们无法在诵读中展开想象，感受不到中国文字的魅力，因此也就更谈不上兴趣了。

《开口学诵读》是过传忠老师为了解决语文教学中这一广泛存在的问题所进行的一次创新性尝试。过老师作为一名特级语文教师，他一直在寻找语文教学的发展方向，思考怎样教才能让学生们对汉语言文字更有兴趣。兴趣是学生学好这一课程的必要前提。学生只有对一门学科产生兴趣，他们才会忘我地去追求它的真谛，才会主动去弄懂、弄通这门学科并创新发展，乃至将其作为一生的选择。这于学生来说，将是整个人生中极幸福的事。很多过老师教过的学生或听过他讲课的朋友，受了他的影响，有的选择将语文教师作为终身的职业，有的从此爱上文学、爱上朗诵，一生受益。

过传忠老师在几十年的教学实践和积累中，觉得朗读、朗诵是语文教学的生命和翅膀，“文”只有在和“语”的完美结合中才是完整的、鲜活的、美轮美奂的。我在教学中，也深刻感受到对于好的课文，诵读能让其中的文字“活”起来，立体、灵动、富有生命力，能让人展开想象，产生画面感，真正体会到文字的内涵、力量和魅力，真正把每个字的形象融入血液中。

语言是人与人之间沟通的载体，是传递情感的工具。文字是记录思想情感的方式，而文字常常是客观冰冷的。要完成沟通思想、传达情感的任务，最好还是由口头表达来尽力还原文字记录的思想情感。这是一个典型的表演过程：朗读者要仔细阅读文字，认真分析作品的思想脉络，体验作者写作时的真情实感，进而用有声语言声情并茂地将作品的思想情感传达出来与人分享。

通过学习和掌握过老师在书中阐述的语言技巧，在自己表达的时候，情不自禁地就会把文字处理得有变化、有层次、有形象、有画面，然后通过分析作品、结合自己的理解和感受，重新赋予作品情感，最后真正达到文字（平面）—语言（画面）—思想（情感）的完美统一的呈现。我想，无论读者的诵读水平在哪个层面，只要用心读了这本书，都能够有所收获！

这部凝结了过传忠老师多年心血著成的《开口学诵读》，表达了一位年过八旬的教育工作者对语文教学的拳拳之心。希望此书能对所有语文教师、中小学生、朗诵表演爱好者以及想在口语表达上有所提高的朋友们，提供很好的教学示范作用。

王苏

2021 年 5 月于上海戏剧学院“品读”工作室

绪 言

徐世荣先生在为张颂《朗读学》写的序言中开宗明义地指出："朗读就是把书面上写的语言变为口头上说的语言，把无声的语言（文字、文章、文学作品）变为有声语言——更能表情达意的口头活语言。"而这种将"写作的书面语言"变为"口头的有声语言"的过程就是一个再还原的过程。

这番话深刻而又简明地道出了朗读的实质。

诵读的实质是"还原"

思想的进化是人类进化的重要标志，但思想是无形的，它的表现形式是语言。为此，人类认识到了"语言是思想的直接现实、是思想的物质外壳"。为了克服时间和空间对有声语言的限制，人类又发明了文字，作为语言的记录符号。就人类的表达与交流而言，应当循着"思想—语言—文字"的顺序。但朗读正相反，因为内容是人家的，且已经成为文字，把它用口语读出来就成了第二步，然后才能让听者接触作者的思想，顺序成了“文字—语言—思想”，完成了“再还原”的过程。

说到还原，把文字还原到口语，怎样才算到位呢？有什么标准吗？一首好诗，十个人朗读有十种诠释，谁读得最好呢？即使让诗人自己来读，也未必比得过一些朗读艺术家。可见，“还原”不只是还原到某个人的口语，而是要还原到文本作家的头脑，还原到作者的思想感情里去。能通过口语把文本作者融注到文字里的思想感情充分表现出来，这才是真正的“还原”，才是“还原”过程的真正完成。

由此可见，朗读首先要理解、把握作品中包含的思想感情，离开了这一点，哪怕口语再动听，再抑扬顿挫，也不能算真正“还原”到位，得不到应有的效果。诵读的目的是表情达意、言志传神，这些“情、意、志、神”都是作者特有的，是作者灵魂的体现，诵读为的就是把它“还原”，把它用口语体现出来，否则，就不能算成功。

诵读是一门独立的学问

在不少人看来，就一篇作品而言，文字的阅读和口头的朗读是一回事，都是作者思想感情的体现，只要不读错，朗读的任务也就完成了。这是把诵读看得太简单了。难怪有人把“见字发声”或者依照习惯拿腔使调视为诵读，这就大错特错了。

我们应当看到，文字和口语虽然反映的同是作者的思想感情，但作为不同的形式，它们是截然不同的。

作为书面语言的文字是应当予以尊重的，它是对口语进行精炼加工的产物，干净利索、条理清楚，大大加强了语言的精密性和艺术性。但是，它又有一项不可弥补的欠缺，即欠缺了语音这一要素。语言是语音、词汇和语法三者的结合体，缺了语音体现不出语气、语调、语境、语感，没有了抑扬顿挫、轻重缓急，作者思想感情的表达自然要受到局限。

看来，通过视觉进行的文字阅读同借助听觉接受的口语朗读成了相对独立的、完全不同的两回事，这或许就是为什么有的诗人朗读自己的诗却读不过朗诵艺术家的原因吧，因为这里“另有一功”。“另有一功”的朗读，恰恰因为有了语音这一因素，赋予文本跳跃的生命，使文本更能表情达意，也就使朗读从日常语言中脱颖而出，成为一种独立的表达形式、一门有着专业特点的学问。

朗读要有把握文字语言、驾驭有声语言的原动力。也就是说，朗读者在深入理解文本思想感情的同时，还必须具备驾驭有声语言的种种能力和技巧，把所理解的内容表现出来。此处包含着高度的技巧性，是一种再创造，是任何其他形式所不能替代的。

诵读要从字词句篇抓起

既然诵读这么重要，为什么千百年来“重文轻语”的传统却流传至今呢？这里至少有两个原因：一是口语本身未能统一，缺乏规范。早在秦始皇时期就实现了“书同文”，而“语同音”的问题直到19世纪中叶才被真正着手解决。普通话被推广了，但更被看重的还是语音，口语的词汇和语法规范问题涉及仍少，更不要说整篇文章的诵读规范了。二是语言使用中的实际价值。多年以来，科举只考文章写作，不考口语诵读，演变到如今的高考应试，口语更失去了它的一席之地。于是，文和语孰重孰轻，就显而易见了。

语言文字的学习应该从小抓起，贯穿整个基础教育的语文课，理应包括口语表达的内容，诵读即是其中一项。叶圣陶老先生早就说过：“语文里面有个‘语’字。如何听他人的话，如何更好地说自己的话，正是语文教师应该教会学生的。”然而，现实生活里的情况又如何呢？叶老指出：“有很多地区，小学里读语文课本还是一字一拍的，这根本不成语言了。中学里也往往不注意读，随口念一遍就算是读了，发音不讲究，语调不揣摩，更不用说表出逻辑关系、体出神情意态了。这是不能容忍的。”

经过大家的努力，这些“不能容忍”的现实或许已有所改变，但随着社会上诵读（尤其是朗诵）活动的开展，又出现了另一种现象，就是朗读极力向表演方面靠拢，同语文教学的关系反而疏远了，这同样是不正常的。想要在诵读方面有所建树，若不结合语文教学，是会事倍功半。而且，诵读活动是一项人人都应该也能够参与的，若只着眼少数优秀艺术家，那岂不是与社会需求背道而驰了吗？

我们应当从语文教学抓起，然而又谈何容易！没有课程的设置，没有理想的教材，又缺乏合适的师资，学校里的诵读教学确实还有许多事情要做，而且需要教育和文化部门的领导自上而下地抓起来。

笔者是个有数十年教学经历的语文教师，又多年投入社会诵读活动，很想在这方面发挥一些余热。然而自知能力和水平有限，不可能从大格局上有什么突破，只想结合实际在诵读的培训和指导上略尽绵力，尤其是尝试着将诵读与语文教学结合起来，循着字、词、句、篇的步骤对初学者进行一些有效的指点和辅导，努力使他们“知其然，更知其所以然”地从语文角度打好诵读的基础。本书正文从字词句篇四个部分对如何学习诵读作了详细讲解，附录是一些朗诵艺术家对书中经典诗文的诵读示范，可扫描书中二维码进行赏析。但愿它能对大家有所帮助，成为大家“开口写诵读”的好帮手。

目录

目录

·第一章·

把字读准

——关于字的诵读

绪言里明确了：诵读是一种还原，是把书面语（也就是文字）还原成口语、还原成有声语言，目的是用有声语言来表达文本作者蕴含在作品中的思想感情。

这就给我们提出了两点要求：一是通过语言文字的阅读、体会把握作品中作者的思想感情；二是用有声语言把作品中的思想感情表现出来，与听众沟通、交流。

这两点要求是互相联系且密不可分的，但又各有特点和方法，不能互相替代。本书侧重的是后者，是跟大家一起讨论、研究朗读时要掌握哪些口语表达的方法和技巧，争取在口语表达的一系列规律的指导下，不断提高相应的能力和水平。

通常，每一个作品都是由字词句篇这四个环节构成的。我们就依照这个次序，说一说各个环节该怎么诵读。

先说字。字的诵读，是第一章。

第一章谈的是关于字的诵读问题，也就是如何“把字读准”的问题。

长期以来，不少人都以为诵读最重要的是语音问题，这当然

是不全面的，因为在完成表情达意、言志传神的总体任务上，诵读还有大量的工作要做。

语音，即作品的读音，是诵读的起点和基础，如果连这点都做不到，随后的任务也就更难完成了。对语音问题的认识不能表面化和狭窄化，每个汉字（即音节）的声、韵、调当然要正确把握，但这远不是读音的全部。诵读时，字不离词、词不离句、句不离篇，字永远不是孤立存在的。语音如同流水，它是活的。在语流过程中，读音会发生许多变化。语言又是经受历史考验并为全社会服务的，古往今来，它的演变轨迹十分复杂与微妙，许多现象也体现在读音上。有鉴于此，在诵读时，除了掌握声韵调之外，语流音变、多音字和难读的字就都成了绕不开的障碍。而这些，恰恰是不少人不太熟悉和掌握的。在这里，希望大家予以特别重视。

字，也就是音节，把它读准是诵读的第一步。

第一节

坚定的声，明亮的韵，饱满的调

中国的汉字是方块字，跟不少其他国家——特别是欧美国家不同，后者使用的是拼音字。每个汉字本身就是一个记音符号，记录着一个音节，或同时包含一个意思，成了一个词。而拼音文字里，字母只记音，要拼起来以后才成为音节、成为单词，才有意义。需要特别注意的是，一个汉字，既是一个作为音节存在的记音符号，又是一个传达出一定意义或起到一定作用的词。音节和词是不同的概念。有些情况要更复杂一些，例如：有的汉字不止一个读音，我们称它为多音字；有的汉字（音节）所标识的词不止一个，甚至可能多达几十个，我们称它们为同音词①。多音字和同音词分别属于语音和词汇的不同范畴，本书第一章谈字只涉及音节，到第二章才涉及词的问题。

下面这首词是苏轼的《念奴娇·赤壁怀古》：

① 声、韵、调完全相同，分为同形同音词（“打架”和“打听”中的“打”）与异形同音词（“手机”和“首都”中的“手”“首”）。

大江东去，浪淘尽，千古风流人物。故垒西边，人道是，三国周郎赤壁。乱石穿空，惊涛拍岸，卷起千堆雪。江山如画，一时多少豪杰。

遥想公瑾当年，小乔初嫁了，雄姿英发。羽扇纶巾，谈笑间，樯橹灰飞烟灭。故国神游，多情应笑我，早生华发。人生如梦，一尊还酹江月。

京剧界有一位著名的女老生王佩瑜老师，她曾经朗读过苏轼的《念奴娇·赤壁怀古》。但她朗读时不是用普通话，而是用京剧里的“韵白”读法。我们不仅一时难以学会，而且从普通话朗读的要求看，也没有这个必要。但是，她读得很精彩，能很好地传达作品的神韵，读出了作品的精、气、神，值得我们学习和借鉴。

一般情况下，作品中每个音节的声、韵、调，大多数人都还是读得对的，但是常常不能准确、鲜明、生动地读出来。同王珮瑜老师一对比，问题就很明显地暴露了。

下面，我们结合王珮瑜老师朗读的这篇作品，从声、韵、调三个方面，逐一作些分析。

一、坚定的声

汉字的每个音节，一般可划分为两个部分，前一部分是声母（简称“声”），后一部分是韵母（简称“韵”）。汉语里一共有21个声母，分别在固定的发音部位（如双唇、唇齿、舌尖等）用不同的方法（塞音或擦音，清音或浊音，以及送气或不送气）让声带振动产生的气流冲破各种障碍，从而形成不同的声音。

声母最大的特点是发音时要冲破障碍。要冲破障碍首先要设置障碍，我们称为“成阻”，即构成阻挡；冲破障碍和阻挡，我们称为“除阻”。所以，成阻和除阻是声母发音的关键环节。

让我们来分析一下王珮瑜老师发声时，是如何成阻和除阻的。这首词里，声母中有许多舌面音（j、q、x），如“惊”“江”“杰”“千”“西”，原本都是很容易微弱地一带而过的，但她却读得坚定、明白、清晰，尤其是“千”和“西”，一点也不含糊。除了准确地把稳发音部位、正确地运用发声方法之外，她还特别采取了一些技巧，如“千”字用力向上抬、“西”字尽可能拖长等。再如，这里有翘舌音ch，如“赤”和“初”，不少人受方言影响，读这个音时很容易与平舌音c相混，而王珮瑜老师就读得十分准确。至于“月（yuè）”和“物（wù）”都是零声母（韵母直接充当声母）的字，她的朗读从一开始就把准了发声，使音节完整，不会造成欠缺。

总之，要把字读准，首先要读出坚定的声。戏曲界念白讲究“字正腔圆”。“字正”指的就是把声读得坚定、明白，不要犹豫不决、含混不清，尤其是一些区别细微、容易混淆或受方言影响较大的字词，我们在朗读时更要加倍注意，反复练习。

说到练习，绕口令是一种有趣又有效的形式，可以帮助我们提高发音器官的肌肉调动和灵活运用的能力。下面提供三则绕口令，分别训练唇齿音、舌边音和翘舌音的发音，请大家读读看。

1.（f——h）粉红墙上画凤凰，凤凰画在粉红墙。红凤凰、粉凤凰，红粉凤凰、花凤凰。

2.（n——l）蓝教练是女教练，吕教练是男教练。蓝教练不是男教练，吕教练不是女教练。蓝教练在女队训练女篮，吕教练在男队训练男篮。

3.（sh——s）石小四，史肖石，一同来到阅览室。石小四年十四，史肖石年四十。年十四的石小四爱看诗词，年四十的史肖石最爱看报纸。年四十的史肖石发现了好诗词，忙递给年十四的石小四，年十四的石小四见了新报纸，忙递给年四十的史肖石。

二、明亮的韵

要读出明亮的韵，就是要把每个音节的韵母都读得明亮些。韵母有四种类型：单韵母、复合韵母、鼻韵母和特殊韵母。先来看看单韵母。

韵母是由元音构成的。单韵母只有一个元音，但已经可以独立成为一个音节。汉语中单韵母一共有6个，根据舌位的高低、前后以及嘴唇圆展的不同，发出不同的声音。韵母发音时，声带振动，气流不受任何阻碍，理论上可以持续发音，而且声音响亮。

语音学里有一个元音三角形的设计，能把元音构成的情况描绘得比较清楚，如图1-1所示：

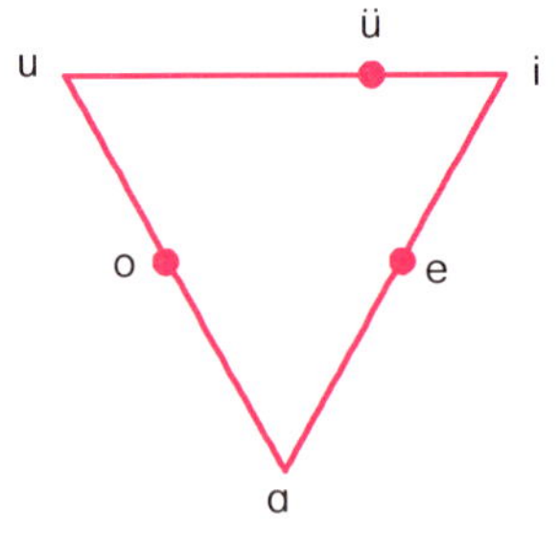

图1-1 元音三角形

这个倒置的三角形，最低的尖角位置是元音ɑ，它发音时，口腔开度很大，舌面降低放平。沿三角形左侧腰向上走，两唇边拢圆边缩小，同时舌体向后下方收缩，这样就先后发出o和u两个元音；再沿三角形右侧腰，边向上边上挺舌面，从舌面后部逐渐延及前舌面，唇齿逐渐闭合，这就先后发出e和i两个元音。而在发出i之后，嘴唇同时拢圆，就形成了元音ü，位置在i和u之间，更靠近i。这些元音的发声都是一气呵成，不能断断续续。

再看复合韵母。复合韵母简称复韵母，共有13个。复韵母是由两个或三个单元音组成的，发音时从一个元音过渡到另一个或两个元音，每个元音的口型和舌位都要准确。各元音亮度不等，其中的主要元音 a、o、e 最亮。根据主要元音所处的位置又可以分为三类：主要元音在前的有 ai、ei、ao、ou，称前响复韵母；主要元音在后的有 ia、ie、ua、uo、üe，称后响复韵母；主要元音夹在中间的有 uai、uei、iao、iou，称中响复韵母。这些复韵母都可以在元音三角形中找到其位置以及它们发展过渡的轨迹。如图 1-2 所示，我们从前响、后响和中响各举一例，供大家参考。朗读时一定要把这一轨迹准确流畅地读出，并把主要元音读得明亮些。

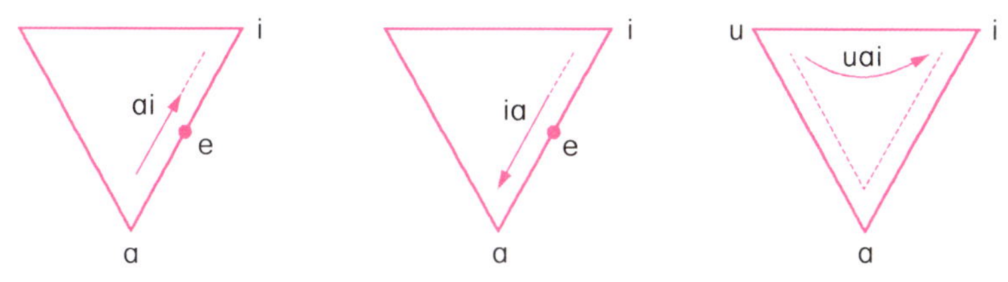

图 1-2　元音三角形前响、后响、中响复韵母

接下来看鼻韵母。鼻韵母最大的特点是由元音和辅音共同组成，辅音就是两个鼻辅音 n 和 ng。以 n 作韵尾的称前鼻音韵母，共 8 个：an、ian、uan、üan、en、in、uen（un）、ün；以 ng 作韵尾的称后鼻音韵母，也是 8 个：ang、iang、uang、eng、ing、ueng、ong、iong。读准鼻韵母的关键在于鼻辅音的位置，一定要把前鼻音和后鼻音分清楚。

最后补充说一下两个特殊韵母 ê 和 -i。单独写时，会在 e

上面加个尖得到 ê，但它不是 e，念 ê。因为它不能单独使用，只能和 i、ü 相拼，组成复合韵母 ie 和 üe，而 i、ü 同 e 是不能相拼的，不会混淆，于是就写成 e 了。另一个特殊韵母是 -i，虽然和 i 写得一样，但应该读 -i，它的作用是与 z、c、s、zh、ch、sh、r 相拼，构成音节，充当韵母。

如果说声母的主要发音特点是成阻和除阻，也就是要冲破障碍，那么韵母的主要发音特点就是“无阻”。只要声带振动的气流不断，理论上可以持续发音，而且音量不受影响。因此，对声母的发声要求是坚定，对韵母的发声要求则是明亮。明亮就是鲜明、响亮、圆满、完整，不能模糊、晦暗，还要连续不断、顺滑流畅。

我们欣赏王珮瑜老师朗读的《念奴娇 · 赤壁怀古》时，可以发现其中对韵母发音的处理非常到位。这里举三个例子：一是 i、u、ü 这三个非主要单韵母，她在朗读时非常注意，想方设法地不让它们暗化、淡化，如“西”“壁”“物”“去”的韵母都读得分外用力。二是涉及特殊韵母 ê 的 ie、üe 等复韵母，如“灭”“雪”“月”，她也做了处理：把“灭”猛收，提高力度，把“雪”“月”拖长上挑，以加强印象。三是鼻韵母和前后鼻音区分得十分清楚，如“岸（àn）”“英（yīng）”“梦（mèng）”。事实上，不少人发不准前后鼻音，在这首词中，“梦”字要特别引起注意。“中国梦（mèng）”一词现在使用频率很高，千万不能读成“中国梦（mèn）”。

韵母的朗读练习也可以借助绕口令。这里选了三则，请大家读一读，并稍作分析。

第一则

九十九头牛，驮着九十九个篓，每篓装着九十九斤油。牛背油篓扭着走，油篓磨坏篓漏油，九十九斤一个篓，还剩六十六斤油。你说漏了几十几斤油？

这则绕口令，“九”“头”“牛”“篓”“油”“扭”“漏”“六”等韵母都是 ou 或 iu（iou），读时要注意强调主要元音 o，不管它是前响还是后响。

第二则

谢老爹在街上扫雪，薛大爷在屋里打铁。薛大爷见谢老爹上街扫雪，急忙放下手里打着的铁，到街上帮谢老爹扫雪。谢老爹扫完街上的雪，进屋去帮薛大爷打铁。二人同扫雪，二人同打铁。

这则绕口令主要涉及两个韵母 ie（“谢”“爹”“街”“爷”“铁”）和 üe（“薛”“雪”），两处的 e 实际都不是 e，而是特殊的单韵母 ê。发音要到位，不要受 e 干扰。

第三则

天上飞来一个盆，地下搭着一个棚，盆碰棚，棚碰盆。棚倒了，盆碎了，是棚赔盆，还是盆赔棚？

这则绕口令不长，但很丰富且有难度。练习主要是区分 en

和 eng 两个鼻韵母。“盆”“棚”“碰”三个字中，“盆”“棚”是主体，“碰”的介入增加了难度。“赔”不是鼻韵母，但由于声母同“盆”“棚”一样都是 p，容易造成干扰。

三、饱满的调

调又称音调、字调，是汉语所特有的。例如下面这句诗，我们朗读时，每个音节都有它的音调：

ˇ　ˋ　ˋ　ˊ　ˋ　ˇ　　　ˉ　ˋ
我为少男少女们歌唱

高低起伏、变化多端，多么生动。可不少国家的语言只有一个调子，听起来就显得平板而单调。

在汉语普通话中，声调有四个，又称“四声”。它们是阴平、阳平、上声和去声。声调在汉语中占据着极为重要的地位，很多声韵相同的字都靠它来区别。如“妈”“麻”“马”“骂”四个字，声韵都是 ma，但调不同，就成了完全不同的四个单音词。又如“保卫（bǎowèi）”和“包围（bāowéi）”、“红墙（hóngqiáng）”和“哄抢（hōngqiǎng）”，声韵相同，音调不同，就成了毫不相干的两个词。语文课中常用的两个词“题材”和“体裁”也是一个例子。

调是不可以随便读的。每个调都有它起讫变化的轨迹，也就是声调的实际读音，称为“调值”。如图 1-3 所示的这张类似五线谱的图中，五条线表示音高由高到低，四个调的调值就在这个范围内发展变化。“妈”“麻”“马”“骂”图中的位置已作标示。

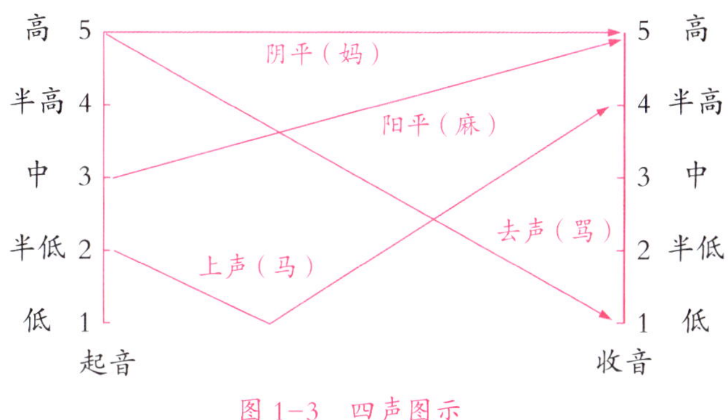

图 1-3　四声图示

四声声调的高低升降和气息的强弱是有关的。四声中，阴平最高且一直停在高位，气息要饱满而稳定，到字尾都不能掉下去、弱下去；阳平由中部上扬，气息逐渐加强，不能平拉再扬起，要直接上行，否则难与上声区别，同时上扬不能超过阴平的高度；上声最要注意，它不是直线而是曲线，从中部降低到底部再上扬，气息则由较强到较弱再到强，在句尾、词尾一定要念全，要达到“4”的高度；去声是由高降到底，全过程要清楚，气息由强到弱，尾部要收好。

要读出“饱满的调”，就是要根据示意图标志出来的调值，气息饱满地把音节高低升降的轨迹和变化表现出来，不能松懈和偷懒，也不能断断续续。尤其是上声，高低变化复杂，更要认真对待。当然，生活中具体的语流还会发生一些变化，这在后面讲“语流音变”时会提到。

我们再回到王珮瑜老师的朗读，她将作品中的字调都读得很饱满，如阴平“多”“尊”、阳平“杰”“雄”、上声“起”“想”“雪”“羽”和去声“物”“是”“尽”“月”等都特别到位。

训练调的方法还是绕口令。这里给大家介绍一则：

佟同志用铜质版印通知，与佟同志同职的通同志去通州发通知。佟同志知道同职的通同志受伤刚痛止，就代替通同志去通州发佟同志用铜质版印的通知。

这里的“佟”“通”，尤其是“同志”“铜质”“同职”“通知”“痛止”都很值得我们辨析。

声韵调的朗读就讲到这里。第一节所提的要求要比一般针对普通话的要求高，不仅不能读错，还要读出坚定、明亮和饱满的特点来。因为语音是为表达思想感情服务的，读准字（音节）是读好词、句、篇的基础。

第二节

语流音变

人们平常说话，不是一个字一个字吐出来的，而是把字变成词，再把一些词组成句子后贯通连续地读出来，才表达出完整的意思。

朗读跟说话一样，也是贯穿流动的，所以我们称为“语流”。把一个个静止的字变成一条条不断向前推动的语流，是表达的需要，也为了简明省力、提高效率。经过多年实践的积累，有些字（音节）在声音上会发生一些变化，这就是人们通常所说的“语流音变”。

下面请看峻青写的短文《下雪了》，这里节选了三小段。有些字词的下面标了一些符号，在读到这些字词时可以想一想，自己读得对不对？该不该这么读？

下雪了，雪下得真大，雪花儿像鹅毛一样从天上飘下来，落在山上、田野上、大树上，盖上一层，又盖上一层，全是白茫茫的了。外边儿静悄悄的，行人很少。

雪停了，太阳出来了。太阳光照在树上，亮得耀眼。山啊，田野啊，房子啊，大树啊，全变了样儿了，都穿上了白色外衣。校旁那两座小塔，都戴上了顶白帽子，比平常更好看了。

下课后，同学们都到院子里来了。大家滑雪、扔雪球儿、堆雪人儿。他们的脸跟鼻子都冻得红红的，可还是玩得很起劲儿。

文中这些作了标记的字词分别涉及轻声、儿化、变调（包括上声变调、“一”与“不”的变调、形容词重叠的读音和语气词“啊”的读音）等语流音变的现象。下文中，我们将一项一项分析。

一、轻声

在词和句中，有些音节失去原有的声调而读成比较轻、短、弱的声音，这就是轻声。如《下雪了》中的“帽子”“院子”这些词里的“子”不再读 zǐ，而是读轻声 zi，写下来也不再标调号（有时在韵母下面加个小圆圈或小黑点）。

轻声和非轻声有时能起到区别词义、表达感情的作用，表述时不能忽视。如“运气”中，“气”读第四声（qì），“运气”就表示一种练身方法；“气”读轻声（qi），“运气”就成了一个名词，表示命运或幸运。再如“站住”中，“住”读第四声

（zhù），“站住”表示要站稳了；“住”读轻声（zhu）时，“站住”的意思就成了“不许走”。

通常，哪些字读轻声呢？大体上，有这么七种情况：

1. 语气词，如“说啊”“吃吧”“太高兴啰”；

2. 助词，如“我的”“迅速地”“读得很轻”；

3. 名词词尾，如“帽子”“角儿”“榔头”“同志们”；

4. 动词后面的“着”“了”“过”，如“干了”“唱着”“去过”；

5. 重叠词的第二个音节，如“爸爸”“妹妹”“走走”“望望”；

6. 表示趋向、方向的词，如“山上”“天空下”“走出来”“躲进去”“爬上来”“沉下去”；

7. 由习惯形成的轻声，如“包袱”“柴火”“耳朵”“门道”“暖和”“秧歌”“琢磨”等。

由习惯形成的轻声最多，而且没什么规律，比较难记住。有的工具书里有《常用轻声词语表》，以音序排列，把常用的五六百个轻声词都排列了出来，有空可以读读，长期积累就能记住。

轻声和非轻声是相关的，有的词没有轻声，有的词只有轻声。遇到一个难以确定的词时，可以从词义上比较分析。读轻声能成立的就是轻声词，不能成立的就要另寻语调。如“应当”“应分”，后一字读轻声则意义不能成立，那就放弃轻声，分别读成阴平（dāng）和去声（fèn）了；而“眉毛”的“毛”

读四个声调都不顺，生活里大家都习惯读轻声，词义也明晰，那它就是轻声词，拼音写作 méimao。

有的词，原本不读轻声，若要读轻声也可以，只是词义变了，这种情况称为“同字轻声”，如下述这些词：

“本事（běnshì）”读原调时指文学作品所依据的故事情节，读轻声时指本领。

“地道（dìdào）”读原调时指在地下挖掘出的通道，读轻声时指纯粹、实在、够标准。

“反正（fǎnzhèng）”读原调时指敌人投诚或帝王复位；读轻声时成了副词，表示坚决肯定或结果不变的语气。

“难处（nánchǔ）”读原调时指不易相处，读轻声时指困难。

有些词，读了轻声后，连字形也变了，完全成为另一个词，或称为异字轻声，如：

把守（原调指守卫、看守）——把手（读轻声时指器物上可手持的地方）

包含（原调指里面含有）——包涵（读轻声时为客套话，指请人原谅）

报仇（原调指采取行动、打击仇敌）——报酬（读轻声时指因劳作而得到的钱财或实物）

笔试（原调指用文字作答的考试）——比试（读轻声时指较量高低）

关于轻声练习也可用绕口令，下面就是一则。

梁木匠和梁瓦匠，俩梁有事常商量。梁木匠天亮晾衣裳，梁瓦匠天黑量高粱。梁木匠晾衣裳受了凉，梁瓦匠量高粱少了粮。梁瓦匠思量梁木匠受了凉，梁木匠体谅梁瓦匠少了粮。

二、儿化

普通话以北方方言为基础，儿化现象是北方方言的一大特色，主要由韵尾添加“儿（er）”音变化而来。“儿”本是一个独立的音节，像“儿子”“而且”“耳朵”等。但是，出现在词尾时，多为轻读，如“花儿”“天儿”。在很多情况下，“儿”作为词缀跟在其他音节的后面，长期与前面的音节流利地连读，从而融合成一个音节，其表现为前面音节的韵母在发音时加上一个卷舌动作而成了新的卷舌韵母。“儿”在大多数情况下失去音节的独立性，化入前一个音节，使前一个音节的韵母或多或少地发生变化，这种现象就叫“儿化”。这种带有卷舌色彩的韵母，通常被称为“儿化韵”。例如：“鲜花儿”中，“儿”融入了“花”，使韵母 ua 发生了变化，卷起舌头，“花（hua）”和“儿（er）”两个音节合成了一个音节“huar”，就形成儿化韵。

儿化韵是普通话的语音特点之一，是不可缺少的语音手段，具有不可忽视的作用，可以从词汇、语法和修辞三个方面来辨析。在词汇方面，它可以区分词义、区分同音词，可以形容细小、轻微、少量的性质和状态。以下列这些词为例：

火星　饭碗　一丁点　门缝

“火星”是一颗行星，儿化后指极小的火点；“饭碗”是吃饭的碗，儿化后指代职业、工作；“一丁点”本来就很小，儿化后就更小了；“门缝”原本是一条缝，儿化后这缝就更狭窄了。

从语法角度看，儿化可以区别词性。例如：“盖”原是动词，儿化后“盖儿”成了名词；“扣”是动词，“扣儿”也成了名词。上述是动词变名词，也有形容词变名词的，如“破烂”儿化后的“破烂儿”意为垃圾、废品，变成名词了；“弯”儿化后的“弯儿”也成了名词，意思是拐弯之处。还有其他儿化后变成量词（卷儿）、变成动词（火儿）、变成副词（一块儿）、变成动宾结构（听信儿）的……在这里就不一一列举了。

从修辞方面看，儿化可以在话语中表达特殊的情感色彩，如喜爱、亲昵、怜悯、轻蔑等，像“闺女儿”“慢慢儿走”“他是个小偷儿”等，大家在生活中可注意倾听。

儿化韵的音变方式的确比较复杂，主要分两大类。第一大类是“便于卷舌”的，主要指原韵母末尾音素是 ɑ、o、e、ê、u 等 13 个韵母，在发音时直接加上卷舌动作，读出 r 就可以了。如下述这些例子：

刀把儿（dāobàr）　　　牙刷儿（yáshuār）

大伙儿（dàhuǒr）　　　模特儿（mótèr）

半截儿（bànjiér）　　　主角儿（zhǔjuér）

小兔儿（xiǎotùr）

第二大类就复杂多了。这类原韵母要经过某种变化才能适应卷舌动作的要求，然后再儿化。依照这些变化；又可以分为六类。

第一类是丢掉韵尾后加 r。主要为韵母末尾音素是 i 和 n 的词，涉及 10 个韵母，如下所示：

加塞儿 jiāsā（i）r　　　刀背儿 dāobè（i）r

乖乖儿 guāiguā（i）r　　　墨水儿 mòshu（ǐ）r

麦穗儿 màisu（ì）r　　　聊天儿 liáotiā（n）r

烟卷儿 yānjuǎ（n）r　　　嗓门儿 sǎngmé（n）r

第二类是韵母为 in、ün 的词，由于丢了 n 之后前面的 i、ü 仍然不能卷舌，所以还要加上 e 达到卷舌目的，例如：

in—ier　　干劲儿 gànjìe（n）r

　　　　　口信儿 kǒuxìe（n）r

ün—üen　　花裙儿 huāqúe（n）r

　　　　　合群儿 héqúe（n）r

第三类，有后鼻韵母 ng（ang、ieng、eng、uang、ong、iong），要丢掉 ng，同时加上卷舌动作，如“药方儿”“唱腔儿”“板凳儿”“借光儿”“胡同儿”“小熊儿”等。

第四类是韵母为 ing 的词。丢掉 ng 后，加 e 卷舌，再使 e 鼻化，如“电影儿”“花瓶儿”等。

第五类为单韵母 i、u。儿化时，i、u 由韵腹变成韵母，再加 er，如“小鸡儿”“玩意儿”“毛驴儿”“金鱼儿”等。

第六类是韵母为舌尖元音 -i、i 的词。儿化时，舌尖元音不再发音，直接变作 er，如“棋子儿”“铁丝儿”“写字儿”“有刺儿”“树枝儿”“没事儿”“汤匙儿”“猪食儿”等。

关于儿化也有绕口令可练习，如下面这则：

雷锋他艰苦朴素成习惯，处处为国家来打算。自己做了个节约箱，捡了东西往里装。里边儿有：鞋帮儿、鞋底儿、鞋后跟儿，麻绳头儿、破铁丝儿，旧车胎儿、橡皮筋儿，铆钉儿、螺丝儿、大头针儿，烂布条儿、碎布块儿，毛巾儿、袜子、破手绢儿，罐头盒儿、瓶子盖儿，碎铜、烂铁、麻袋片儿，一件儿一件儿又一件儿，没有别的净破烂儿。

三、变调

严格地说，前文提到的轻声和儿化都与声调有关，但还有一些现象直接涉及声调的变化，我们称其为“变调”，也属于“语流音变”的范畴。变调主要有四点：上声的变调，“一”与“不”的变调，形容词重叠的读音，以及语气词“啊”的读音。

（一）上声变调

下列这些词语涉及上声变调，可分为四类：

老虎　领导　野草

首都　祖国　海报

我的　两个　耳朵

小老虎　好领导　孔乙己

我们在朗读第一行的三个词时，“老（lǎo）”实际上读得近似于 láo，“领”近似于 líng，“野”近似于 yé，读起来的第三声都近似于第二声了。这就是上声连读的变调，即从调值 214+214 变为调值 35+214。上声是四声中相对复杂的一个音调，先下后上有个曲折的过程；而两个上声连读，上上下下就更拗口了。为了省力易读，人们在读第一个上声时，就省略了前面一部分，由调值 214 变成了调值 14 了。与阳平的调值 35 很像，但还不完全一样，所以有人说这是读成阳平，这种说法并不严密。

第二行和第三行的双音词，不再是上声连读，而是上声后分别跟上阴平、阳平、去声甚至是轻声的词了。为了省力，读音也有变化。前两个上声连读时，前一个字读后半段，类似阳平；现在是读前半段，把调值 214 读成调值 21，只降不升，我们称为“半上”。

最后一行的词是三个上声连读，三上三下，不变调就更吃力。现在，在前两个词连读的基础上，有如下调整：第一个上声读“半上”，第二个上声接近阳平，最后一个上声不变。记下来就是从调值 214+214+214 变为调值 214+35+214，三次上下紧缩为两次上下，这就好读多了。

（二）“一”“不”变调

“一”和“不”这两个字，平常说话经常用到。它们本来的调值应该是阴平（yī）和去声（bù），但仔细听人们说话，你会发现，大多数时候人们不读它们本来的调值。例如下面这句话里的“一”和“不”，该怎么读呢？

我有一个意见，这一次出差，你还是不去为好。

“一个”里“一”念阳平，“这一次”里“一”念轻声，“不去”里“不”念阳平，读起来都不是本调。“一”“不”的变调这里有四种情况：

1.“一”“不”单念或用在词句末尾，以及“一”在序数中时，声调不变，读原调，如：

一二三　二零零一　唯一　一九四九

不，我去　偏不　大家都说“不”

2.在去声前，一律念阳平，如：

一向　一样　一致　一岁　一面

不怕　不像　不去　不碎　不会

3. 在非去声前，一律念去声，如：

一家　一天　一直　一年　一本　一两

不佳　不偏　不严　不甜　不雅　不好

4. 夹在词中间，则念轻声，如：

想一想　试一试　来一个　跑一趟

差不多　挡不住　行不行　吃不消

请你试着读一读，体会下这四种情况的不同。“一”“不”的变调是为了使语调起伏变化、优美动听，不然会显得单调，以下面这一组问答为例：

你去不去？不去

若不变调，这句话的五个去声是连在一起的，读起来就像外国人说汉语，多别扭啊！

我们在这里节选几句雷抒雁的《燕子》，请你把诗中的“一”读准确。

假如是一只燕子，
我就把巢筑在
农舍简陋的屋檐。
一口泥，一口水，一棵草，
编织一个向往，

编织一片温暖。

（三）语气词“啊”的音变

“啊”可作叹词，也可作语气助词。作叹词时，“啊”位于句前，作为独立成分或者独立成句，可以表达疑问、惊喜、赞叹等多种感情色彩，仍念“a”，但调要根据感情和不同声调搭配；“啊”用作语气助词时，经常附在句尾，表示祈使、感叹、疑问等语气，而由于出现在别的音节之后，会受它前一音节末尾音素的影响而发生音变。“啊”音变有以下六种情况：

1. 前音节末尾音素是 a、o、e、ê、i、ü 时，在 a 前面 i，读成 ia，亦可写作“呀”，如“他呀”“祖国呀”“卡车呀”“绿叶呀”“好累呀”“金鱼呀”等。

2. 末尾音素是 u、ou、iou、ao、iao 时，“啊”读成 wa，亦可写作“哇”，如“大叔哇”“好瘦哇”“真优秀哇”“真好哇”“可真俏哇”等。

3. 末尾音素是 n（包括 an、ian、uan、üan、en、in、un、ün）时，“啊”读作 na，亦可写作“哪”，如“平安哪”“勇往直前哪”“快归还哪”“月亮好圆哪”“肯不肯哪”“现如今哪”“小外孙哪”“多漂亮的云哪”等。

4. 末尾音素是 ng（包括 ang、iang、uang、eng、ing、ong、iong、ueng）时，“啊”念 nga，仍写作“啊”，如“多

大方啊”“太阳啊”“加以推广啊”“反正啊”“好安静啊”“要行动啊”“会不会游泳啊”“请君入瓮啊”等。

5. 末尾音素是 -i [ɿ]（也就是 z、c、s 这几个平舌音的尾音），“啊”读 zɑ，仍写作“啊”，如“写字啊”“什么意思啊”“每周去一次啊”等。

6. 末尾音素是 -i [ʅ] 和 er（包括儿化韵尾 r），也就是翘舌音 zh、ch、sh、r 的尾音，“啊”读 zɑ，仍写作“啊”。例如：“好同志啊”“快点吃啊”“有什么事啊”“今天是星期日啊”等。

（四）形容词重叠的读音

为了体现形容词词义所包含的性质与状态的特点，使语言更生动、更有色彩，有些形容词常常会重叠，而重叠以后，读音也会相应地发生变化。形容词重叠的读音变化大体也有四种情况。

1. 单音节形容词重叠 AA 后，重叠的字（A_2）一律变为阴平。如：

好好儿（hǎohāor）　好好儿的（hǎohāor de）

远远儿（yuǎnyuānr）　远远儿的（yuǎnyuānr de）

满满儿（mǎnmānr）　满满儿的（mǎnmānr de）

2. 双音节 ABB 式形容词，有些叠音部分念阴平或阳平皆可。如：

红彤彤（hóngtōngtōng）

软绵绵（ruǎnmiānmiān）

绿油油（lǜyōuyōu）

但也有不变调，只读原调的。如：

金灿灿（jīncàncàn）

气昂昂（qì'áng'áng）

其中似乎也没有什么规律可循，只能靠记忆或多查工具书，慢慢积累。

3. 双音节 ABAB 式和 AABB 式形容词。[①] ABAB 式，如“雪白雪白”，不变调。AABB 式有的不变，如“密密麻麻（mìmìmámá）”；有的为了进一步强化生动的效果，将 A_2 读轻声，重叠的 B 读阴平，B_2 或发生儿化。如：

漂漂亮亮（piàopiaoliāngliāngr）

大大方方（dàdafāngfāngr）

也有 B_2 不发生儿化的，如：

整整齐齐（zhěngzhěngqíqí）

稳稳当当（wěnwěndāngdāng）

其中的区分也难有规律可循。大体上，ABAB 式的是形容状态的，AABB 式的是形容性质的，音变要更生动些，尤其是 B_2 的儿化。不过，这些也都要靠平时在言语活动中的逐步积累。

---

① 据国家标准 GB/T16159—2012，ABB 或 AABB 形式的词语，BB 一般标原调，不标变调。此处为讲解所需，仍标示变调。

第三节

多音字和难读的字

前两节讲的是声、韵、调和语流音变的问题，涉及语音的标准和变化。出错的话，字当然读不准，影响内容的表达。本节将涉及的要点有两个：多音字和难读的字。它们在语音上一般没什么问题，但使用时却常常变成难点，不知该如何选用读音。因此，与其说它是语音问题，倒不如说是阅读问题，是读书或会话中会长期遇到的问题，是文化知识长期积累的问题。它们与朗读的关系很大，把握不当则直接影响文本表情达意和文化传播的效果，而且此二者都不可能一蹴而就，要长期关注、训练和积累。

一、多音字

先来看看多音字。不少汉字，不止一个读音，它常会有两个或两个以上的读音，有的字甚至有多达五六个读音，要如何辨析选用呢？

（一）简单解读几例常见多音字

下列这几个字，大家比较熟悉：

炸　吐　倒　空　卡

它们都是多音字，让我们依次来解读。

1.“炸”有两个读音：zhá 和 zhà。前者指的是一种烹调方法，把食品放到沸油里烹制，如“炸油条”“炸春卷”“炸丸子”“炸牛排”等，炸的都是食品、菜肴。后者是指一种破裂的现象，如“天上的雷炸响了”“高压锅使用不当炸了”。“炸弹”“炸碉堡”“轰炸机”等都应该读 zhà。句子中两种词义同时出现时，要仔细推敲。例如：“等油炸了再炸吧”中，前一个“炸”指油热了，快迸溅了，后一个“炸”指烹调。所以，应该是前者读 zhà 后者读 zhá，即“等油（zhà）了再炸（zhá）吧”。有时，会取爆炸现象的比喻义，如把人声鼎沸的场合说成“炸锅”，把成群的马受惊乱跑说成“炸群”，这时都该读 zhà。现在读 zhá 的较少，几乎都读成了 zhà，如“炸猪排”，这是要引起注意的。

2.“吐”有两个读音：上声 tǔ 和去声 tù。指的都是东西从嘴里出来，但二者情况却有很大不同。读 tǔ 时，指人主动地、有意地把东西从嘴里弄出来，如“吐痰”“吐葡萄皮”。这一读音用途广泛，还有很多比拟和比喻的用法。如由人及物，有“蚕吐丝”“狗嘴里吐不出象牙”以及“麦吐穗”“棉吐絮”的用法，都很生动；再如以实喻虚，有“吐字归音”“谈吐举止”“真情吐露”“扬眉吐气”等词语，把摸不着的语言、抽象的感情意气都落到了实处。在这些地方都读 tǔ，那什么时候读 tù 呢？读 tù 时，专指消化道或呼吸道里的东西不由自主地从嘴里涌出，如“吐血”“吐沫”“呕吐”中，“吐”都应读 tù。但也有比喻用法，如“吐出赃物”，并不是说真的把赃物从嘴里吐出来，而是强调不情愿、不得已罢了。因为方言中这个字不是多音，在上海等吴方言地区的人，常常把成语“上吐下泻”中的“吐”读成 tǔ，但正确的发音是读 tù。

3.“倒”也是使用广泛但经常用错的多音字。它有两个读音：上声 dǎo 和去声 dào。读 dǎo 时，有两种含义：第一种是横躺下来，如庄稼“倒伏”、房屋“倒塌”、人“倒毙”；引申开去，还有失败的意思，如“倒台”“倒闭”“倒戈”，戏曲演员嗓子坏了，则叫“倒嗓”。第二种是转移、转换、腾挪，如“倒换”“倒汇”“倒手”“倒买倒卖”“投机倒把”；成语“排山倒海”“翻江倒海”，既不是让海躺下，也不是把海转移，而是形容大海波涛汹涌、水势浩大、翻腾不已。读 dào 时，也有两个含义：一是上下或前后次序互换，引出相反的意思，如“倒挂”“倒灌”“倒立”“倒影”“倒计时”以及“喝倒彩”“倒找钱”等；二是反转或倾斜容器，把里面的东西弄出来，如“倒酒”“倒垃圾”。

举个例子："我刚倒上一辆车，没想到在倒车时出了事故。"前一个"倒"读 dǎo，是换车的意思；后一个读倒 dào，指车往后开。"倒"字还能当语气副词，如"倒挺好""倒不是""倒显得太客气了"中的"倒"有"反而"的意思，念 dào。

4."空"同样有两个读音：阴平 kōng 和去声 kòng。读 kōng 时，人们一般不太会出错，就不多说了。难点在读 kòng 时，如果不注意这里表达的是腾出来、使之空、缺少、未被占用等意思，很容易读成 kōng。如"填空题"中，填的是特意留出来的格子，"空"应读 kòng；"空地"是未被利用的土地，"空"应读 kòng。还有一个词语"空城计"，大部分人都读"空（kōng）城计"，甚至《现代汉语词典》也标注读 kōng，但侯宝林先生读"空（kòng）城计"，"街亭是有意空（kòng）出来的，而不是原来就空（kōng）着的。"所以，侯先生的读法是有其道理的。

5."卡"有两个音：qiǎ 和 kǎ，而且涉及外来语，这个字是典型。它原本读 qiǎ，表示夹在中间不能活动，引申为把人或财物留住，如"卡子""关卡""卡脖子""被鱼刺卡了"等。另一个音读"kǎ"，是许多外语翻译时的读音，如"卡片"（英语 card）、"卡路里"（英语 calorie）、"卡拉 OK"（"卡拉"为日语"カラ"的译音）。

这五个词只是范例，常用的、易用错的多音字为数不少，好在有这方面的工具书，如《多音字辨析》等，建议大家多翻看。

（二）多音字的形成因素

多音字不只是一个简单的读音问题，而涉及多方面，尤其是文化传统的影响，那它是怎么形成的呢？多音字形成的因素很多，我们不深入研究，这里只介绍有关的两个现象：一是“文白异读”，二是“词性变化”。先说“文白异读”，“文”指文言文，也就是书面语；“白”指白话，也就是口语，甚至方言。

请看下面这些词，他们都存在多音现象：

剥　削　系　血　嚼　给　色　蔓　遗　殖

请注意每个词的两种读音中，有一种发音较轻松、随意，常常单独使用；另一种则发音比较严肃、庄重，常要构成双音词或多音词后再使用。比如：“系”读 jì 时，就是白话，偏口语，如“系（jì）鞋带”“系（jì）红领巾”；读 xì 时，往往在书面语里，要构成词或专用词语，如“系统”“系列”“系数”“系统工程”，这就是“文”了。再如“给”读 gěi 时，常用于“给你”“给面子”“给忘了”“给足了”；在书面语的词语或成语里读 jǐ，如“给养”“给付”“自给自足”“家给富足”等。

由“白”到“文”有一个漫长的过程，有时二者会混用：“剥”在口语里读 bāo，如“剥橘子”；“削”在口语里读 xiāo，如“削甘蔗”。但如今除了一些“老北京”，人们一般读 bō 和 xuē，可见语言是在向书面语靠拢的。尤其是构成词以后，若再把“剥削”读成 bāoxiāo，人们反而会觉得可笑了。

有些多音词的区分是复杂的，甚至会引起争议。像“血”：“白”读为 xiě，有些具体的词语如“血淋淋”“血糊糊”里也可以读 xiě；但在其他词语尤其是成语里，“文”读应为 xuè，如“血汗”“血案”“血吸虫”“血色素”“血口喷人”“血海深仇”“血雨腥风”等，都应该读 xuè。有人想从词义去分析，如“血流着”应该读 xiě，这样反而把问题复杂化了。下面这句话里两次出现了“血”字，“血债要用血来偿”，前一个读 xuè，后一个读 xiě。

依据就是“文”和“白”，“文白异读”基本上都讲得通。再来看“说”字，“文”“白”已不分，都读 shuō 了。但古文中表达“劝人听从”的意思时读 shuì，如“游说”“说客”“说服”等，这是古汉语遗留下来的读音，已不属于一般的“文白异读”。除以上读 shuì 外，其他都还是读 shuō 为好，“说服”也没必要读“说（shuì）服”了。其实，像“骨殖”里“殖”念 shi，而不念 zhí；“遗”表示“赠送、馈赠”时不读 yí，而读 wèi。这些都是古音，不必扩展到现代汉语的语音中来。

（三）多音字的词性变化

再说说“词性变化”的问题。下面三行列举的是三类例子：

担　缝　卷　数　钉

校　弹　藏　泊　弄

荷　斗　量　观　教

先看第一行，字声韵都相同，但读多音时音调变化了。音调在阴平、阳平、上声时都是动词，而读第四声时就都成了名词。这是由动词、名词的词性分化而形成的多音。其中一个例外是“钉”，动词读去声，名词读阴平。再看第二行，声母不统一，但韵母还是一样的，都是字调变化反映动词、名词词性变化，如“担（dàn）子”是所“担（dān）”的东西，“弹（dàn）子”是所“弹（tán）”的器物，名词大都仍是去声，但不是绝对的。第三行字的多音也是由词性变化而来，但与词义已经没有什么关系了，如“荷锄归”里“荷（hè）”这个动词与“荷（hé）花”的“荷”就没什么关系。至于“教”字，原本动词读 jiāo，名词读 jiào（教育、从教）。但如今，除了直接带宾语的情况下（如“教书”“教英语”“教本事”），作动词用的“教（jiāo）”，一般也都读 jiào 了，如“教导”“教学”“教养”“教唆”“教训”。这说明语言在变化，我们必须要特别注意。

以上这些情况，大体上还有规律可循，但更多的多音字辨析，只能从实践慢慢探讨体会。如“转”“散”这些字，工具书里要么不提，要么缺乏明确的阐述，只能靠自己体会。在我看来，“转”读 zhuǎn 时，如“转折”“转移”“转换”“转变”，所指变化的轨迹大都是折线运动；而读 zhuàn 时，如“旋转”“转动”“转圈”“晕头转向”，变化的轨迹大都是圆周运动。至于“散”读 sàn 时，如“散开”“解散”“散财”“扩散”，是指由中心向四周的放开、输送；而读 sǎn 时，如“包袱散了”“松散”“散漫”“散文”，是指物体内部结构的解体和松垮。当然，以上只是个人的见解，仅供参考。

多音字的区分可以记少不记多。例如“看”在大多数情况下都念 kàn，只有在表示“看管”“看守”“看护”“看家”这类有监管、守护意思的词中，才读阴平 kān；再如“奔”，多念 bēn，但带有方向和目的的奔跑（如“投奔”“奔头”）却要读 bèn。记住这些特殊的少数，其他情况一般就不用担心了。

汉语中的多音字现象不是一成不变的，它是汉语言文字千百年来发展变化中逐渐积累的产物，纷繁而复杂。正如“差”有 4 个读音，“和”有 6 个读音，这里就不一一讲了，请大家自行翻看词典，但也没必要强记，还是要以实用为主。多阅读、多训练才是最主要的。

二、难读的字

除多音字之外，难读的字是朗读时读准语音的又一难点。中国汉字很多，不可能全认识、都读准。因此，生活中读错个别字不必大惊小怪。但是，语言毕竟是用来交流的，一旦读错，别人听不懂或产生了歧义，就会影响交流效果。而我们朗读、朗诵，多是在公开场合，大庭广众下读错了字，不仅有损声誉，也是对广大听众的不尊重。

在澳门回归的庆典上，河南省的贺礼是一座“九龙晷（guǐ）”。日晷是古代用来观测日影以定时刻的仪器，现在把它的模型用九条龙装饰起来，便成了一件珍贵的礼物。谁知现场主持人把“晷”读成了“咎（jiù）”，即“咎由自取”的“咎”。须知，这是一个非常隆重的场合，又是通过电视向全世界人民现场直播的，造成的影响自是不用说。“咎”和“晷”在字形上虽然只相差一个“曰”，但读音却相差甚远。所以我们在朗读时一定要小心谨慎，多设疑、多思考、多翻书、多请教。著名艺术大师孙道临老师就随身带着一本小字典，有问题就翻，避免出错。孙老师尚且如此，我们就更应该严肃对待。

字容易读错，常常因为碰上了这么几种情况。一种是“读半边字”。汉字大部分是形声字，可以通过字形中表音的部件——声符（声旁）大致推测出来。如“评”“苹”“坪”“萍”“枰”这些字的读音，根据“平”的音，也能猜出个大概了。这种“读半边字”的类推方法，可以帮我们解决不少问题，但也常常会遭遇意外，“半边音”有些时候也是不可靠的。请大家看看下面这些加点的字，它们该怎么读？

炽（chì）热　　皈（guī）依　　谙（ān）熟

脚踝（huái）　　粳（jīng）米

联袂（mèi）　　攻讦（jié）　　干涸（hé）

咀嚼（jué）　　濒（bīn）临

这些字的声符（声旁）已经变了，如“炽”里的“只

(zhǐ)”已不标音，“炽”应读 chì。千百年来，形声字的声符在改变。又或者，我们认为是声符的，有时其实不是声符。例如“濒”这个字，不少人认为是“三点水旁”加个“频”，所以会念成 pín。其实，这个字是“涉”加个“页”。“页”指人头，“濒”指人涉水靠近水边，与“频”毫无关系。

第二种情况是没有仔细分辨字形，误当成其他字，或误判音符，结果读错了。看看下面这几个字，这么读，对吗？

命运多舛(jié)　刍(zhōu)议　豆豉(gǔ)

病入膏肓(mǎng)　慰藉(jí)　床笫(dì)

括号里标注的音全是错的！“舛”受了“桀”的干扰，应该读 chuǎn；“刍”受了“诌”“绉”“皱”的干扰，应该读 chú；将“豉”看成了“鼓”，应该读 chǐ；将“肓”误认为“盲”，应读 huāng；把“藉”与“籍”混淆了，应读 jiè；把“笫”误当成“第”，应读 zǐ(一种席子)。

第三种情况与古诗文有关，与古汉语在传承中未能真正融入日常有关。如下面这几个加点字：

否极泰来　女红　将进酒　呱呱坠地

应该依次读为：pǐ、gōng、qiāng、gū

为什么这么读呢？“否”在这个词中不是“否定”的“否”。“否”和“泰”是《易经》中的两个卦名：天地交、万物通，谓之“泰”；不交、闭塞，谓之“否”，读 pǐ。“女红”里的“红”不指颜色，古时称女子所做的纺织、刺绣、缝纫等工作为“女红”，“红”读 gōng。“将进酒”是李白的诗题，“将”读 qiāng 时，有请求的意思。《诗经·将仲子》里“将”就读 qiāng，而“将来”的“将”读 jiāng。“呱呱坠地”的“呱”读 gū，和现代汉语里“呱嗒板儿”里的“呱”不是同一个词，不能读成 guā。这些字的读音都涉及很多文史知识，平时一定要多进行阅读，扩大知识面。

最后一种情况是某些姓氏和地名，它们往往有特殊的读音，要多多查找，不能随意地读。

先看下面这些姓氏：

华　任　过　燕　纪

“华”由第二声变为第四声，读 huà；

“任”由第四声变为第二声，读 rén；

“过”由第四声变为第一声，读 guō；

“纪”由第四声变为第三声，读 jǐ；

“燕”由第四声变为第一声，读 yān。

这些都是字调的改变。

再看看下面这些：

仇　单　解　种　盖

“仇”由 chóu 变为 qiú，是声母变了；

“单”由 dān 变为 shàn，是声和调变了；

“解”由 jiě 变为 xiè，是声和调变了；

“种”由 zhǒng 变为 chóng，是声和调变了；

“盖”由 gài 变为 gě，是韵和调变了。

还有一些字，比较生僻，除了姓氏不大用在别处，请注意它们的读音。

阚（kàn）　　蒯（kuǎi）
逄（páng）　　亓（qí）
厍（shè）　　翟（zhái）
昝（zǎn）　　郧（yún）
泠（líng）　　祢（mí）

地名里也有些字容易读错，如安徽的“亳（bó）州”“六（lù）安”、江苏的“甪（lù）直”、山东的“济（jǐ）南”、山西的“芮（ruì）城”、河南的“渑（miǎn）池”、四川的“邛（qióng）崃”、重庆的“涪（fú）陵”、澳门的“氹（dàng）仔”等，这些仅供参考。

此外，在汉字简化时，繁体字和简体字不是一一对应的，如繁体字“發”和“髮”的简体字都简化成了“发”。有些人就认为，“發”和“髮”本是一个字，“理发”就误写成了“理發”了，这是要特别注意的。

至此，难读字的几种情况也分析完了。

字的朗读是朗读全文的基础。我们从“声、韵、调”“语流音变”和“多音字与难读的字”这三个方面，用三节的篇幅作了阐述与分析，还希望大家能结合实践反复地领会、练习，相信一定会不断得到提高。

第四节

作品字音举例综合讲解

前三节中，我们把朗读时常遇到的字音问题分门别类地作了一些分析，意在努力探讨其中的某些规律。但字音在生活实践中不是以字词为单位孤立使用的，尤其是语流音变和多音字现象，更多出现在句子甚至篇章中。离开了对作品的全面阅读，不少语音现象难以把握，“把字读准”的要求也难以实现。为此，我们在这一节选出三篇不同类型的作品，分别作一些综合的字音分析，以更切合生活中作品朗读的实际，亦求以这类实践提高读者们朗读时综合运用字音知识的实际能力。

选文一

小河（马如琴）

①离开家乡已经六年了，在梦里也思念那条小河。我在那里长大，在那里经历风雨，小河知道童年的我

所经历的一切。

②小时候，我喜欢站在小河边看哥哥、姐姐在河里游泳，他们一会儿游入水底，在水中捉迷藏，一会儿浮出水面，泼水打水仗。我好羡慕他们啊。一次，我见他们向远处游去，幼小的我带着好奇走入水中，恍惚在梦境中一般。幸好母亲发现我不在岸上，又见水中直泛水泡，不会游泳的母亲费了许多力气将我从死神手中拉了回来。

③当时母亲怀着我的小弟弟，由于救我时费力紧张，喝了不少水，一下就病倒了，经医生治疗也不见好转。躺在床上的母亲，怕我再走到河里去，让哥哥姐姐看着我，还吩咐他们一有空就教我学游泳。我一有进步，母亲就显得很高兴，可她的病一点也没好转。

④就在那年秋天，母亲离我们去了，小弟弟一生下来不哭也不动，也追随母亲去了。为了我的生存，母亲去了，弟弟也去了。母亲生育了我，又从死神的手中救了我。她给了我两次生命。临终前，她拉着我们兄妹四人的手，眼里流露出的尽是爱。为了我们，她没有怨言，倾注给我们的是全部的爱！

⑤母亲去世后，我便常站在河边，幻想着能从小河里看到母亲。她是从小河走向那个世界的，那轻轻的流水声，多像母亲温柔的语声；那缓缓拍打堤岸的

河水，多像母亲温柔的手。

⑥长大了，我也常去河边，高兴时去，烦恼时也去。清静柔顺的河水，就像母亲充满爱的目光，我带去的欢乐便愈加热烈，我带去的烦恼也烟消云散。

⑦如今我离去了，小河被我远远地抛在故乡，可我永远思念着你，小河。

1. 原文重点标注

2. 字音现象讲析

（1）读准声、韵、调

声母：捉（zhuō）声母 zh 易读错为 z

藏（cáng）声母 c 易读错为 ch

充（chōng）声母 ch 易读错为 c

韵母：梦（mèng）韵母 eng 易读错为 en

尽（jìn）韵母 in 易读错为 ing

倾（qīng）韵母 ing 易读错为 in

字调：“捉迷藏”的“迷”易读错为轻声

（2）语流音变

① 轻声：这篇散文中轻声很多，择各种类型标出，以字下加点为记号，如“梦里”

语气词：“啊”因前字“们”尾音而读 na（哪）

助词：的、显得、远远地

名词词尾：他们

动词后面的“着”“了”“过”

重叠词的第二个音节：哥哥、姐姐、弟弟

表示趋向的词：岸上、拉了回来、生下来

习惯形成轻声：力气、吩咐

② 儿化

一会儿

③ 变调

上声变调（无）

“一”“不”变调：

去声前读阳平：一切、一会儿、一次、一下、不在、不会、不动

非去声前读去声：一般、一点、不哭、一有空、一生下来

语气词“啊”的音变：他们啊（读 na，即“哪”音）

形容词重叠的读音：远远地（yuǎnyuān de）

（3）多音字

好 hǎo：幸好、好转
　 hào：好奇

泡 pào：水泡
　 pāo：发泡

倒 dǎo：病倒
　 dào：倒车

看 { kàn：看到 / kān：看着 }

空 { kōng：天空 / kòng：一有空 }

转 { zhuǎn：好转 / zhuàn：转动 }

散 { sàn：烟消云散 / sǎn：散落 }

（4）难读的字

恍惚（huǎnghū），这是一个双声词，即两个音节的声母相同。例如："仓皇（cānghuáng）"是两个韵母相同的"叠韵词"，双声词和叠韵词合称联绵词。

3. 相关提示

此类文章短小易懂，生活气息浓，口语特色强，读起来应较流利、顺畅。发音不要太紧、太重，要善于把握语流音变的现象，以形成高低起伏变化自然的语音。尤其是轻声、儿化和多音字，要多加注意，以形成与书面语的明显区别。有些字词，如"那"规范读 nà，但在口语里常读 nèi 或 nè，显得亲切。建议前几段里的"那"读 nèi，第五段谈及母亲逝世后去的"那个世界"中的"那"可读 nà，以示区别，表达较沉重、遥远的语气。

哈姆雷特独白

①生存还是毁灭，这是一个值得考虑的问题。

②默然忍受命运的暴虐的毒箭，或是挺身反抗人世无涯的苦难，通过斗争把它们扫清，这两种行为，哪一种更高贵？

③死了，睡着了，什么都完了。

④要是在这一种睡眠之中，我们心头的创痛，以及其他无数血肉之躯所不能避免的打击，都可以从此消失，那正是我们求之不得的结局。

⑤死了，睡着了，睡着了也许还会做梦。

⑥嗯，阻碍就在这儿。因为当我们摆脱了这一具朽腐的皮囊以后，在那死的睡眠里，究竟将要做些什么梦，那不能不使我们踌躇顾虑。

⑦人们甘心久困于患难之中，也就是为了这个缘故。

⑧谁愿意忍受人世的鞭挞和讥嘲、压迫者的凌辱、傲慢者的冷眼、被轻蔑的爱情的惨痛、法律的迁延、官吏的横暴和费尽辛勤所换来的小人的鄙视。要是他只要用一柄小小的刀子，就可以清算他自己的一生？

⑨谁愿意负着这样的重担，在烦劳的生命的迫压下呻吟、流汗。倘不是因为惧怕不可知的死后，惧怕那

从来不曾有一个旅人回来过的神秘之国，是它迷惑了我们的意志，使我们宁愿忍受目前的折磨，不敢向我们所不知道的痛苦飞去。

⑩ 这样，重重的顾虑使我们全变成了懦夫，决心的赤热的光彩，被审慎的思维盖上了一层灰色，伟大的事业在这一种顾虑之下，也会逆流而退，失去了行动的意义。且慢！美丽的奥菲利娅！——女神，在你的祈祷之中，不要忘记我忏悔我的罪孽。

这是从莎士比亚话剧《哈姆雷特》中节选的一段著名独白。由于它是译文，原文又写在几百年前，同我们当前生活中的口语自然会有较大的差别。除了第一篇选文里已经较详细分析过的诸如语流音变等问题外，还有两点需要特别注意：一是大量的书面性较强的词汇，大家比较生疏，有时甚至会感到拗口；二是体现台词内容中严密逻辑关系的有关词语，不易把握。这两点是朗读翻译作品（尤其是带有议论色彩的）时，必须注意的。

1. 原文重点标注

2. 字音现象讲析

（1）语流音变

①“一”“不”变调：一个、不能不、不是、不可知、不曾、一层、一种

② 儿化：就在这儿（为了强调，此处儿化不需要突出强调）

（2）多音字

着 { zháo：睡着了
zhāo：绝着儿
zhuó：着装
zhe：看着 }

创 { chuāng：创痛
chuàng：创造 }

血 { xuè：血肉
xiě：抽血 }

折 { zhé：折磨
shé：折本
zhē：折跟头 }

磨 { mó：折磨
mò：磨坊 }

重 { chóng：重重
zhòng：重量 }

（3）较生疏词语

暴虐、无涯、皮囊、踌躇、鞭挞、轻蔑

迁延、鄙视、懦夫、祈祷、忏悔、罪孽

（4）体现严密逻辑关系的有关词语：涉及代词、副词、介词、连词等，朗读时要清晰、明确，适当强调。

第②段：……或是……，这两种，哪一种……？

第⑥段：嗯，……就在这儿。因为……究竟将要……那不能不……

第⑨段：谁愿意……倘不是因为……是它……使我们……

3. 相关提示

本文是从世界名著中节选的一段剧本台词，但实际上是一篇出自王子之口的议论文。它没有具体的叙事，也没有细致的描写，有的只是主人公的思索，加之适当的抒情，它的主体是抽象的。由于语言的习惯，其表达又往往借助于假设、推论，并运用对种种关系的厘清作出判断。因此，一些在进行逻辑推理的过程中发挥一定作用的词语就不能轻轻带过。只有明确了它们的作用，文本的整体表达才能起到效果。

作为演出的剧本台词，选文中有些表情达意的词语，如“嗯”“且慢”还要注意其戏剧性。至于剧中人名，如“奥菲利娅”也不能完全照汉字一字一字地读出，还是应该参照外语发音大体读出一个调。

选段三

渔父（屈原）

①屈原既放，游于江潭，行吟泽畔，颜色憔悴，形容枯槁。

②渔父见而问之曰：“子非三闾大夫欤？何故至于斯？”

③屈原曰："举世皆浊我独清，众人皆醉我独醒，是以见放。"

④渔父曰："圣人不凝滞于物，而能与世推移。世人皆浊，何不淈其泥而扬其波？众人皆醉，何不餔其糟而歠其釃？何故深思高举，自令放为？"

⑤屈原曰："吾闻之，新沐者必弹冠，新浴者必振衣；安能以身之察察，受物之汶汶者乎？宁赴湘流，葬于江鱼之腹中。安能以皓皓之白，而蒙世俗之尘埃乎？"

⑥渔父莞尔而笑，鼓枻而去，乃歌曰："沧浪之水清兮，可以濯吾缨；沧浪之水浊兮，可以濯吾足。"遂去，不复与言。

1. 原文重点标注

2. 字音现象讲析

第①段：既：已经

于：在

形容：形象和容颜，不同于现代汉语对事物进行描写的"形容"

第②段：而：连词

之：第三人称代词

子：相当于"先生"，对成年男性的统称

三闾大夫：楚国官名，"大夫"不读 dàifu，不指医生，应读 dàfū。

欤：读 yú，表疑问语气

斯：这

第③段：曰：说

皆：都

是以：同“以是”，因此之意

见：被

第④段：与：和、同

淈：读 gǔ，搅浑

歠：读 chuò，饮

醨：读 lí，薄酒

高举：处在众人之上，不合群、不同流合污，不是“高高举起”的意思

为：读 wéi，表示疑问的语气词

第⑤段：安：怎么

察察：高洁

汶汶：读 mén，昏暗不明

皓皓：洁白的样子

乎：表示疑问或反诘的语气词

第⑥段：莞尔：微笑的样子

鼓：操作，不是指乐器，也不单指“敲击”

枻：读 yì，船舷

兮：语气词，相当于“啊”

吾：我，我的

遂：于是

3. 相关提示

（1）对实词要予以分类，要特别注意三种情况：

一是现已基本不用的古代词语，如“斅”“醨”等，这类词要查字典，把音、形、义都弄清楚。

二是现在仍在用但口语中已很少出现的词，这类词书面性较强，如“憔悴”“莞尔”等，这类词要把注意力放在读音上。

三是现在的含义与用法，与古代已不同，如“形容”“高举”“大夫”等，这类词的读音和用法都要注意。

（2）对文言虚字的读音和词类要认真对待

古文中，“之”“乎”“者”“也”这些虚词使用得很多，且常常这类变化比较复杂，要多查阅字典，根据具体文本内容处理。有些字，如“吾”读阳平，不少人误读为上声；“于”读阳平，“与”读上声，朗读时也会混淆不清。

·第二章·

把词读活

——关于词的诵读

上一章讲字，这一章要讲词了。朗读时，首先要把每个字读准，接下来，就要把每个词读活。

写起来都是一个个方块字，字不就是词吗？读起来，什么叫“读准”？什么叫“读活”？如何区分呢？

一定要注意，字不只是词，词也不只是字，二者有很大的不同。我们这里所说的“字”，更准确的含义是“音节”，是一种声音的记录。例如“他”，用声音记录下来就是 tā 这个音节，但记录这一音节的不止“他”一个字，“她”“塌”甚至“踏”都读 tā，我们称它们为“同音字”。值得注意的是，这些字虽同音但却不同义，表达的不是同样的意思。倘要涉及字的含义，它们就各是一个词了。这正是汉语比较独特的地方，国外拼音文字的字母是只发音不表义的，只有音节拼在一起构成单词了，才具有意义。

当“字”作为“词”存在时，朗读起来就要求我们把它所包含的特定意义读出来，读出它所表示概念的形象、状态、性质，甚至读出我们对它的态度和感情。因为，只有这样，听者在听时才能感觉到它的存在，它才有了生命，才被读“活”了。

总而言之，字和词常常不是一一对应的。单音的字往往会合成双音或多音的词，而双音词在汉语中占有相当的比重。它们本身的两个或多个音节读音的轻重又涉及“轻重格式”的问题，因此，词的读“活”，相对复杂得多。

第一节

从掌握词的含义和作用说起

一、单音词和多音词

下面这句诗大家都熟悉，是何其芳《我为少男少女们歌唱》一诗的开头。

我为少男少女们歌唱

它有9个字，却只有6个词——“我”“为”“少男”“少女”“们”“歌唱”。这句诗中，有的词只有一个字，像“我”“为”“们”，我们称之为单音词；有的词由两个或两个以上的字构成，像“少男”“少女”“歌唱”，我们称为多音词。这三个词都只有两个音节，所以也可称为双音词，属于多音词中的一类。

二、词素和词组

也许有人会问：为什么"少""男""女""歌""唱"这几个字在这个句子里只是字而不是词、不是单音词呢？

其实，它们本来也都是词，各自表达一定的意义，如"男""女"表性别，"少"表年龄，"歌"和"唱"表动作。但是，当它们分别结合起来，如"少"与"男""女"结合成"少男""少女"，"歌"和"唱"结合成"歌唱"时，它们就包含了新的意思，不再独立运用，而变成"少男""少女""歌唱"这些多音词的组成因素，我们称为"词素"。

"少男"和"少女"在句子里紧接着，表示的意思也相近，那么，能不能把四个字合在一起，成为"少男少女"这个新词呢？不能！这里的重要原则就是看它们能否独立运用，"少男"和"少女"在这个句子里都能独立表达一个意思，而不像"男男女女"中的"男男""女女"，拆开了就不能独立运用。所以，"男男女女"是一个词，"少男""少女"是两个词。

但是，"少男、少女"虽是两个词，关系却非常密切，它们构成一个群体，我们就可以把它看作一个词组。而且，作为群体的词组还可以进一步扩展成新的词组，以表达一层新的意思。例如，在"少男少女"后面加个"们"，"少男少女们"就表示了多数；再在前面加个"为"，"为少男少女们"就成了后面"歌唱"一词的目的了。

三、实词和虚词

说到“们”和“为”这样的词，就必然涉及词的两大类：实词和虚词。

（一）实词的含义

实词是指有实际意义的词，如“我”“少男”“少女”“歌唱”，它们都有具体的意思。“我”是第一人称，即自己；“少男”“少女”分别指男性和女性青少年；“歌唱”的意思是歌咏和歌颂。

但是，在朗读具体作品时，我们还不能理解得这么简单，需要结合作品的内容把它们理解得更具体、更透彻。对这句诗里的“我”的理解，单单知道是诗人何其芳还不够，要掌握更多信息，了解他写作时的情况：人到中年，从国民党统治区投奔革命到延安，不仅写诗，还从事文化方面的领导和教学工作。如果知道这些，这个词在你眼前就会“活”得多。“少男”“少女”也不是指一般意义上的男女青少年，而应当是向往革命、追求真理、积极上进的青年革命力量，尤其是像延安一样的各解放区的青年男女。“歌唱”在这里也不仅仅是唱歌，而应当包含了赞美和歌颂的感情。

有时候，由于诗人使用了比喻、象征等修辞手法，一些词还会包含更多的思想内容和感情色彩。这首诗接下来的四句就有一些这样的词：

我歌唱早晨，

我歌唱希望，

我歌唱那些属于未来的事物，

我歌唱正在生长的力量。

诗句里的“早晨”“希望”“未来”“生长”都有象征的含义，不能按照字面意思简单理解。“早晨”不单指一天之始，而是指一件事情、一段人生、一项事业朝气蓬勃的开端。“希望”“未来”“生长”也都包含着不断发展、茁壮成长的含义。

以上这些都是实词，实词包括名词、动词、形容词、副词、量词、代词等，它们是对客观世界的各种事物和现象的反映，都包含一定的实际意义。在语法构成上，它们都能独立使用，单独充当句子成分。理解词语时，先要把它所属的词类和词性弄清楚。例如在这句诗歌里，“我”是名词，在句中充当主语；“歌唱”是动词，在句中充当谓语。

（二）虚词的作用

了解了实词，再来看虚词。前面提到的“为”和“们”都是虚词。

虚词不包含什么意义，而且不能独立使用、充当句子成分。但是，句子里常常少不了它们，因为它们反映了事物之间的某些联系。仍以“们”和“为”为例，“们”单独使用时没什么意义，但在人称代词或名词后面，就表示多数，如“少男少女们”“同志们”“他们”。在词语的结构上，“们”起到了表多数的作用。“为”在名词或代词前，则能表示后面相关动词的对象。本句中，“歌唱”的对象是谁呢？为谁歌唱呢？为“少男少女们”，“为”字就起到了介绍的作用。

虚词因为没有意义和形象，朗读中往往容易被人忽视，一带而过。其实，朗读时，特别在涉及句子和篇章时，虚词的作用是很重要的，理解把握虚词要下不少工夫。仍以《我为少男少女们歌唱》这首诗为例，其中有下面这三行：

所有使我像草一样颤抖过的
快乐或者好的思想，
都变成声音飞到四方八面去吧，

这个句子关系复杂，朗读起来不容易。其中有些虚词，如“或者”，该怎么理解往往会引起争议。“或者”常在两项可选择的并列事物中起连接作用，那么，这里连接的是哪两个词呢？是“快乐”和“好”还是“快乐”和“好的思想”呢？倘若是前者，“快乐”和“好”一同修饰“思想”，思想就成了整句的主语；而若是后者，“快乐”和“思想”就并列在一起共同成为句子的主语了。两种理解读起来视像、停顿和重音就都不一样。可见，虚词不能忽视。

同实词一样，朗读时也要把虚词的词类和词性弄清楚。虚词分为连词、介词、助词、语气词和叹词等，它们在句子的组织结构中起到各自的作用。例如，“们”是助词，放在“少男少女”后组成一个表多数的词语；而“为”是介词，放在“少男少女们”前面，构成一个介词结构，介绍“歌唱”的对象。“歌唱”是句子的谓语，这个介词结构就成了修饰谓语的状语。这样，就把句子理清楚了。

如果把作品视为一座大厦，那么词语就是基础，实词如同构件，虚词如同水泥，只有把材料准备好，大厦才建得起来。我们一定要理解实词的含义和虚词的作用、要理解它们鲜活的生命，接下来便要研究如何通过朗读，用声音把它们生动地表达出来。

总之，要把词读“活”，理解是基础，而如何把所理解了的表达出来，就要求借助于一定的方法和技巧。

第二节

重点在推敲词的读音

朗读时，要把词语所包含的意义用语音表达出来，也就是读“活”，这不是一件简单的事情。不少人是在读到句子甚至篇章的时候，才考虑到作品内容和意义的表达，这已经晚了。早在接触到词时，就应该考虑如何把词义用语音表达出来。

一、词义和读音

词义是靠读音表达的，但词义是词义，读音是读音，并不是一回事。对词义的理解当然是前提，但理解了不一定就能表达出来，这里是要下许多功夫的。

（一）词的读音约定俗成

词该怎么读呢？我们第一章分析过苏轼《念奴娇·赤壁怀古》的第一句“大江东去，浪淘尽，千古风流人物”。这句中有不少词，有单音词，也有多音词。如果一个班级的几十位同学齐声朗读，你就会发现两种情况：读音是相同的，至少声、韵、调是统一的，大体上是准确的；不同的词连读起来，自然而然就有了高低、强弱、轻重、徐疾的变化。譬如，“大江”读得较强且缓，非常开阔；“千古”的音也长，但音不重，较为内收，显得悠远；“去”读得较慢，还有点拖；“尽”就相对快得多，且收得干脆。当然，不同人读起来不一样，但一般不会截然不同。这就是说从词开始，人们的读音就有了抑扬顿挫、轻重缓急的处理和变化，只不过有人读得鲜明、有人读得微弱罢了。在这一点上，约定俗成反映了千百年来人们对于词的认识和体会，否则人们怎么交流呢？怎么敞开心扉让别人了解心曲，和别人产生共鸣呢？

那么，人们通常根据什么来处理词的读音呢？

一是词本身的性质、状态。请把下面三组词放在一起读读看：

钢铁——棉花　吼叫——呻吟　高昂——低沉

每一组的两个词形成对比了吧？“钢铁”读起来短促、有力、声音坚定；“棉花”读来舒缓、柔软、亲切。它们都是名词，区别来自它们性质和状态的不同。再看“吼叫”和“呻吟”，都是动词，而且都是指说话，但一个响又高，一个轻而弱。因为说话时的力度和态度大相径庭。至于第三组形容词，那就更明显了。它们的功能原本就是修饰，色彩自然更鲜明，“高昂”的上扬，“低沉”的下挫，也就理所当然了。

由此可见，词的读音是跟事物、现象的性质与状态相联系的。性质、状态越鲜明，对语音表达的要求就越高。“黄河”必定读得比“黄浦江”汹涌，“黄山”必定读得比“佘山”雄伟。而“万水千山”这个成语中，“千”无论如何不能读得比“万”重，“山”则定要读得比“水”高，“水”则定要读得比“山”长。这些也都是约定俗成的。为了把这些词活灵活现地呈现在人们眼前，我们需要学会绘声绘色地诵读。但色彩可以绘，声音怎么“绘”呢？其实，我们朗读就是在“绘声”，就是用声音绘制、塑造形象，并且是从词开始的。

二是人们对词的态度和感情。不少词语所反映的事物或现象都会关联我们的态度和感情，让我们对它们产生爱憎、褒贬的倾向。这些都会从读音里体现出来。

请看下面这两组词：

国家　光明　神圣　奋斗

魔鬼　阴谋　捣乱　可恶

第一行的词读起来庄重、严肃，充满着崇敬、热爱、向往的感情；第二行的词则会读出轻蔑、嘲讽、厌恶的倾向，宣泄出仇视、谴责、诅咒的语气。同样，对于“老模范”“老英雄”“老前辈”与“土匪”“恶霸”“卖国贼”这样的称呼，人们表达出的语气也会截然不同。这些词语倘若出现在文本中，更需要我们准确、鲜明地表达出来。

三是把词放到句子和篇章里去处理。朗读时，我们要掌握字不离词、词不离句、句不离篇的原则。文本中，词不是孤立存在的，它在构成句子、组成篇章以后，才包含了最明确、最具体的含义。须知，概念本身是抽象的。比如说“房”，千千万万各不相同的房子被高度概括成一个概念“房”，而作为它的直接现实，“房”这个词自然就会有纷繁复杂的内涵。当“房”这个词与其他词素构成了新词（如“新房”“楼房”“危房”等），或者被其他词修饰组成了新的词组（如“健身房”“茶房”“书房”等），它的含义自然就大不相同了，读音肯定也会相应地发生变化。再以苏轼的那句“大江东去浪淘尽”为例，“大江”的“大”若置于“大坏蛋”一词中，或许也会读得更响些，但肯定要受后一词影响，带上贬斥的语气；而“浪淘尽”的“尽”字，因为被淘光的是“千古风流人物”，读起来不免有惋惜之情，但是“尽”这个字若到了“三军过后尽开颜”里，则必定要体现出喜出望外。有的词构词能力强，使用频率高，如“人”，可组成“好人”“坏人”“病人”“死人”“老熟人”“人上人”“被害人”“孤家寡人”等词。但置于具体的词中，它的内涵以及朗读者的态度、情感都已发生了变化，因此读音的变化就必须更认真地推敲。总之，词必须放在具体的语言环境里才能读活，这也是约定俗成的。

（二）来自生活，高于生活

也许有人会说，生活中不少人说话不是那么顶真的，甚至有些很有内涵和色彩的词，也会被说话人一带而过。如“伟大”一词，在人们日常的对话中，语音很放松，甚至有些含糊，比如“他伟大吗？”“唔，是挺伟大的”。但是在诗歌朗诵时，读到“啊，真伟大，我的祖国！”此类句子，“伟大”必须读得高昂响亮、充满激情，否则没有感染力。

至此，我们就触及了朗读中一个重要的问题——生活和艺术的关系。生活中，人们一般说话比较自然、随便，能让人听懂、达到交流的目的就可以了。但是朗读文学作品，跟平常说话有所不同。比如前文提及的几句话里“死”这个词，朗读时的抑扬顿挫、“轻重缓急”就会产生很大的差异变化，而不会再像生活里那么随便了。

可见，朗读，尤其是朗诵，应该被看作一门艺术。而艺术应该是来源于生活，更高于生活的。这不仅表现在音量等形式上。读起来要响亮、清晰、中气足，而不是一个人默默独语，也不是少数几个人轻声交谈。一般在公众场合，至少得让在场的人都能听到、听清楚。更重要的是，表达出语音中所包含的内容和情感，要显现词的性质、状态、色彩的特点，要传达出朗诵者自己的情感和态度。

以大家都很熟悉的臧克家的《有的人》为例：

有的人活着，
他已经死了。
有的人死了，
他还活着。

开头的四句中有两个“活”和两个“死”，读起来情感色彩大不一样。前一种人的“活”是行尸走肉般地活，只剩下了躯壳，就如同死了一般，毫无价值；而后一种人虽然“死了”，心脏停止了跳动，但他精神永存，虽死犹生，万代不朽，永远活在人们的心中。这就是艺术，高度概括、高度提炼，形成了鲜明对比。从朗读一开始，就要紧紧抓住“活”和“死”这两个词，把它们读活，以使整首诗始终都能在“生死观”的高度上展开，从而表现出深刻的主题。

生活中的交流，我们不要求人们都像朗读、朗诵那样讲话，但文学作品的表达必须要有一定的强调和夸张，要比生活中的语言更准确、更鲜明、更有感染力。当然，也要适可而止、恰到好处，不要拿腔使调。要做到这一点，得从词的读“活”开始。

二、读音的推敲

（一）分析词的构成和使用

读音需要推敲。那么，怎么推敲呢？推敲离不开词本身，首先要研究分析词的构成变化，从中寻找其对读音的影响。下面有一首小诗《春夏秋冬》，描绘了一年四个季节的情景，里面好些词的读音就很耐推敲。先看看春天和夏天这两段：

春天来了，大地醒了，小河水哗哗地流淌，

小树发芽，绿草青青，鲜花开放，百鸟歌唱。

夏天来了，艳阳高照，知了唱起了动人的歌谣，

鱼儿嬉戏在清清的水面，伙伴们跳下小河快乐地洗澡。

单音词较简单，先不去推敲。多音词是由多个音素构成的，该如何处理呢？

像“小树”“百鸟”“发芽”“动听”这些词，它们在构成时都有修饰的音素，属偏正式。树是小的，鸟是成群的，稚嫩的芽萌发了，声音听起来令人感动、愉悦……让我们仿佛看到了一幅幅活灵活现的画面，读起来就容易把握了。而像“青青”“哗哗”“开放”“嬉戏”“歌谣”这些词，词素是相同相近的，属合成式。“青青”是同词素的叠加；“哗哗”是拟音的重复，给人以清新活泼的感觉；“开”就是“放”；“嬉”就是

“戏”;“歌”和“谣”虽有不同，但都是说的、唱的。这些词素合在一起，内容更丰富了，分量也更重了，在读音中都应体现出来。

再看一个例子，如艾青的《绿》，其中有这样的句子：

到哪去找那么多的绿：

墨绿、浅绿、嫩绿、翠绿、淡绿、粉绿……

一种颜色分别用六个词素去描绘，可见词在使用中真是丰富多彩、变化多端。如果我们推敲得不够，在读音中不能把它们的形象区别开来、显示出来，那不是很遗憾吗？

（二）把握词的态度和感情

在推敲词的读音时，除了研究词本身的含义外，还要努力揣摩作者对这些词的感情和态度。朗读者就是作者的代言人，朗读时不仅要传达作者的这些感情和态度，还要把自己的感情和态度融汇进去，这样才能打动人心，真正把词读“活”。

下面节选一小段情景描绘，出自魏巍《谁是最可爱的人》，描写的是战斗结束后阵地上的情况，烈士们的尸体有着各种各样的姿势：

烈士们的尸体，做着各种各样的姿势，有抱住敌人腰的，有抱住敌人头的，有掐住敌人脖子，把敌人摁倒在地上的，和敌人倒在一起，烧在一起。还有一个战士，他手里还紧握着一个手榴弹，弹体上沾满脑浆，和他死在一起的美国鬼子，脑浆崩裂，涂了一地。另有一个战士，他的嘴里还衔着敌人的半块耳朵。在掩埋烈士们遗体的时候，由于他们两手扣着，把敌人抱得那样紧，分都分不开，以致把有的手指都掰断了。

这一段里有许多动词，用得鲜明、生动，读时一定要仔细推敲。如“掐”，必须读得快速有力，容不得半点迟疑，否则，你会被敌人掐死的；“摁”必须读得快，恍如迅雷，还要用力，否则，敌人倒不下去。特别是末尾那个“掰”字。那是万不得已、终身遗憾的事啊，亲密战友转瞬间就牺牲了，总该给他留个全尸吧，可连手指都不能完整保留。读着读着，真是眼泪都要下来了。

第三节

读词离不开作品的整体语境

推敲词的读音，实质上是要求大家用绘声绘色的方法为每个词塑造出语音形象。但是，词在运用时往往不是孤立无群，也不是固定不变的。它存在于不同的作品里，活在千变万化的环境中，受到许多因素的影响和支配，这就要求我们深入思考词的读音和作品整体语境的关系。

一、词不离句，句不离篇

说到整体语境，词在作品中至少受到两方面的影响：一是受其他词语的影响，这常常还是局部的；二是受作品整体构思和主旨的影响，有的影响甚至是关系全局的。

（一）词语相互之间的影响

第一类情况，举例说明。“滔滔”指水流滚滚、波浪无边，读这个词时大家都会突出它的激、强、高、大甚至让人感到惊心动魄。但是，在毛主席词《沁园春·雪》中，有一句“望长城内外，惟余莽莽；大河上下，顿失滔滔。”同样一个“滔滔”，在这里就要读得轻和弱了。为什么呢？由于漫天风雪，黄河上游、下游都结成坚冰，不仅看不到波涛水势，连河面都不流动了，“顿失滔滔”里的“滔滔”不再，怎么能不读得弱些呢？

再举一例。通常“眼泪”“悲伤”这类词，读来都是悲悲切切的。但倘若前面加上“没有”，成为“没有眼泪”“没有悲伤”，悲哀的语调就不能保留了。当然，也不能来个大转弯，读得满不在乎，这样就显得不真实了，人们会怀疑你以前的感情是虚假的。较好的处理方法，是用一种虽停歇但仍难以抑制的语气读，或许会更真切些。

（二）作品总体要求的影响

第二类情况涉及作品的整体和全篇，有时一个词会影响全篇的理解和处理。例如“黄河之水天上来”，在李白的《将进酒》中出现过，在光未然作词的《黄河大合唱》中也出现过，但处理起来是不一样的。李白在这句后面紧接“奔流到海不复回”，他在借黄河之水感慨时光飞逝、青春不再、事业难成，只好借酒浇愁……虽有几分豪气，但仍免不了愁绪。《黄河大合唱》就不同了。在民族危难的当口，黄河成了我们民族精神的化身，它如同一条巨龙，率领全中国的炎黄子孙与疯狂的敌人展开殊死搏斗，伟大的气魄叫人肝胆破裂。

我们可以把出现在不同作品中的同一句诗找出来对比着读，抓住它们不同的内涵，语音上的区别就自然而然地显现出来了。可见，词只有在作品的大环境里才有真正的生命。

二、辨析作品语境的一些途径

供我们朗读的作品成千上万。对它们的语言环境该如何分析？从何下手？又该通过哪些途径呢？要具体分析，还得从词开始，从词入手，尤其是一些关键的词。至于途径，自然是多种多样的，笔者根据实践的积累，举些例子同大家讨论。

（一）比较和对比

先从一些词的比较和对比开始。在作品里，有些词相同或相似，相异或相反，相互之间有着错综复杂的联系。把它们进行比较和对比，往往能为词在作品中找到恰当的位置，为它的读音处理找到根据。

就以汪国真的《感谢》为例吧。这首诗共四段，每段的第三、第四句都出现了一对关系密切的形象，而且对应着一个季节，依次是：

一缕春风——整个春天（春）

一簇浪花——整个海洋（夏）

一枚红叶——整个枫林（秋）

一朵雪花——银色世界（冬）

诗中，每个季节都有一个典型的词，依次是“春风”“浪花”“红叶”“雪花”。这是诗人渴望得到的，而且数量并不大，依次用“一缕”“一簇”“一枚”“一朵”这些数量词来修饰。没想到的是，生活却给了他“整个”的“春天”“海洋”“枫林”“银色世界”。“整个”作为表示整体的数量词和前四个表示个体的数量词形成了对比，突出了诗人所求与生活给予的巨大差距，这一令人喜出望外的结局突显了生活对于诗人的厚爱，诗也就发自肺腑地表达了诗人对生活的感恩之情。

所以，朗读个体时就要读得轻微小巧、玲珑可爱，而作为对比，朗读整体时则要读出广袤、辽阔、深沉和厚重，显示出各自不同的美感。若忽视了比较和对比，这首诗的魅力也就荡然无存了。

有些作品中出现的虽然只是一个词语，但它所涉及的内容相当复杂，所蕴含的意味要联系作品整体才能体会。这样，把它同其他词放在一起比较、对比，进行深入的思考就显得更有必要了。让我们来读一首匈牙利诗人裴多菲的诗《我愿意是急流》，全诗共五段，分别以“激流”“荒林”“废墟”“草屋”“破旗”等形象比喻自己，表达自己为心爱的人献身的愿望。初看这些喻体形象并不美，有的甚至是贬义的，那有什么值得歌颂的呢？如果把每段诗前后两部分的内容进行对比，就会有新的认识和体会。以第三段为例：

我愿意是废墟，
在峻峭的山石上，
这静默的毁灭，
并不使我懊丧……
只要我的爱人，
是青青的常春藤，
沿着我荒凉的额，
亲密地攀缘上升。

诗人自比“废墟”，这可不是什么好形象，给人荒凉、破败、毫无生气的感觉。那么诗人为什么甘愿以此自居呢？读到后半段才恍然大悟，它是有用的，它能够托着爱人“青青的常春藤”“攀援上升”。为了爱人的前途，诗人宁愿作出这样的牺牲，但并不懊悔。这样的情怀何等高尚，难怪它打动了许多人。这样来理解“废墟”这个词，读起来既不能鄙视、贬低它，也不要抽象地吹捧、歌颂它，而要发自内心地把默默奉献、毫不勉强的心态真切地流露出来。

（二）处境和对象

作品中，人物的处境和抒情的对象，也是我们朗读时需要辨析的。作品在叙述事件时，总要提供相应的环境描写，为人物的活动安排适当的环境。环境不同，同样的词就会有不同的读法。

安徒生著名的童话《卖火柴的小女孩》描绘了一个贫穷的小姑娘在大年夜的悲惨遭遇。她是卖火柴的，但一晚上一根火柴也没卖掉。为了让自己暖和一下，她抽出了一根火柴并划着了。借着火柴的光焰，她产生了幻觉。于是，作品中出现了两种环境，一种是现实的境况，一种是幻觉里的场景，先来读一下描写现实的语句：

> 她的一双小手几乎冻僵了。啊，哪怕一根小小的火柴对她也是有好处的！她敢从成把的火柴里抽出一根，在墙上擦燃了，来暖和暖和自己的小手吗？她终于抽出了一根。

读现实部分时，感情要真切、朴实、细腻，渲染天气的寒冷、生活的窘迫和人物的可怜。再来读读幻觉的部分：

> 哧！火柴燃起来了，冒出火焰来了！她把小手拢在火焰上，多么温暖多么明亮的火焰啊，简直像一根小小的蜡烛。这是一道奇异的火光！小女孩觉得自己好像坐在一个大火炉前面，火炉装着闪亮的铜脚和铜把手，烧得旺旺的，暖烘烘的，多么舒服啊！哎，这是怎么回事儿呢？……

这些幻觉读起来就可以夸张、浪漫，要烘托出光彩、温馨的气氛，以表达小女孩对美好前景的向往和追求。

《雨巷》的作者戴望舒，抗日战争时期在沦陷的香港，被关押在日寇的监狱里，写下了诗歌《我用残损的手掌》。他受尽刑罚，却仍想象着用自己残损的手掌，抚摸支离破碎的国土，被他抚摸的有三类对象。

第一类是已经沦陷的、被日寇铁蹄践踏的国土：

这一角已变成灰烬，
那一角只是雪和泥，
岭南的荔枝花寂寞地憔悴，
尽那边，我蘸着南海没有渔船的苦水……

这些语句无不浸透痛苦和悲哀。一些重要的词，如“灰烬”“血和泥”“憔悴”“苦水”等，都应用悲情描绘，并充满谴责和控诉的情绪。

第二类是他边抚摸边回忆，眼前出现了沦陷前和平生活的场面：

春天堤上繁花如锦幛，
嫩柳枝折断有奇异的芬芳，
……
江南的水乡，你当年新生的禾草，
是那么细，那么软……

“繁花”“锦幛”“嫩柳枝”“芬芳”“新生的禾草”“细”“软”等，这些记忆中的场景，尽管读来有些伤感，但毕竟充满了怀恋的深情，语气应该是舒缓的、美好的……

第三类是诗的最后部分，是诗人想象中的美好土地：

只有那辽远的一角依然完整，
温暖，明朗，坚固而蓬勃生春。
……
因为只有那里是太阳，是春，
将驱逐阴暗，带来苏生，
因为只有那里我们不像牲口一样活，
蝼蚁一样死……
那里，永恒的中国！

这片全中国人民都向往的土地，如同“太阳”和“春”，用以“温暖”“明朗”“蓬勃”“苏生”等一系列美好的词语来形容，唱出了一曲“永恒的中国”的赞歌。朗读时，语调应积极、进取、热烈、欢快，诗人深情地讴歌了根据地的崭新生活，表达了抗日战争一定会胜利、前途必定光明的热烈追求和坚定信念。

（三）比喻和象征

作品中，特别是文学作品中，有些词会取其比喻和象征意义。读的时候，对词的本体和喻体都要认真辨析，这又是一种途径。

下面这四句诗出自魏钢焰《你，浪花里的一滴水》，是一首歌颂雷锋的诗：

你，《国际歌》里的一个音符，
你，红旗上的一根纤维；
你，花丛中的红花一瓣，
你，浪花里最清的一滴。

诗的每一句都出现了一个充满诗意的镜头，这些比喻不止形容雷锋，而是用这些形象中个体和整体的关系来阐释雷锋和革命事业的关系。读“《国际歌》”“红旗”“花丛”“浪花”时，要显示出革命事业的光荣伟大；而读“音符”“纤维”“一瓣”“一滴”时，则要勾画出它们的娇小与可爱，从而突出它们尽管微不足道，却是革命事业中不可或缺的宝贵因素。四句诗中，对雷锋的歌颂运用了生动、新颖而又贴切的比喻，朗读时要表达出这些比喻背后传达的意义，要用朗读树立起雷峰既平凡又伟大的形象。

再来读读高尔基的《海燕》。这首散文诗在字面上写的是一场暴风雨的降临，实际上是在预言一场伟大的革命即将到来，号召人们迎接这一历史时刻。诗篇最突出的艺术特色是全方位地运用了象征手法。譬如，汪洋恣肆的大海和波浪象征着人民群众，海燕则是无产阶级革命战士的化身，风雨雷电象征着疯狂一时的反动势力，而海鸥、海鸭、企鹅则象征着惧怕革命的形形色色的人物。朗读时，一定要把这些词的象征意义搞清楚，要弄懂这些象征物的本体意义，否则是不可能把它们读“活”的。

（四）系列和整体

在一些作品中，有的词会反复多次出现，几乎成了一个系列，或者构成了一个鲜明的整体。对这样的词，不能简单地重复，而应当仔细研究它们在作品不同段落或语境中的地位和作用，从而推敲它们丰富多变的读法，这又是辨析的一条途径。

让我们再来看一下臧克家写的《有的人》。

这首“纪念鲁迅有感”而得的诗中，“有的人”一词出现了 8 次，加上更多次出现的“他”（其实也是指“它”），那就更多了。在这 7 段 28 行诗句中，时不时地出现这个词，这就构成了系列，而且是两个对立的系列，两组完全不同的人。

一种“有的人”永远值得歌颂的。那些虽死犹生的人，他们是不朽的，“人民永远记住他”。我们的眼前要树立起他们高大的形象。在不同的段落中，从不同角度、不同领域、不同层次去描绘、刻画、赞颂，让他们的形象既高大鲜明又细腻丰满。

另一种“有的人”是人民的敌人，永远被人们鞭挞和诅咒。这些人也有自己的典型特征，诗人也从不同角度、领域和层次刻画了他们的丑恶嘴脸，揭示了他们的肮脏灵魂。朗读时，语气要充满揭露的犀利和嘲讽的辛辣。

明确了这两个系列，强调它们的对比关系，作品的主旨就容易显现了。“有的人”这一词的读“活”就水到渠成了。

说起系列和整体，不得不提王苏老师朗诵过的一个小故事《那一声爹》。这个故事的主人公是一个小女孩，起初她对继父连“叔”都不肯叫，到最后为继父送终时，她却撕心裂肺地喊出“爹”，让人震撼不已。文中有十几处“叔”和三次“爹”的呼叫和陈述，使这两个词贯穿整个故事，构成了一个整体。父女俩一二十年的经历被这两个词串联着，再现了一幕幕的动人场景。同一个“叔”作为称呼，什么时候该怎么叫？作为陈述时的人称，该有怎样的色彩？王苏老师都有很好的设计。尤其是最后那声“爹”，朗读时，王苏老师蓄足了力量，通过细腻的艺术处理，喊得石破天惊，令人动容，取得了强烈的艺术效果。

可见，真要把每个词都读“活”，是必须下苦功的，而真正能像王苏老师一样读得那么传神的，恐怕也是很不容易的。

这一章“把词读活”讲完了，给大家提供一些练习的材料。同第一章的练习材料“绕口令”一样，在相声表演中还有一些“贯口”技巧，如“报菜名”。它主要训练语速，与绕口令相似。现在，给大家列了许多的书名，而且分门别类，或照字数，或照格式，或涉及内容，分成若干段落。诵读时，可以按照自己的理解与设计，把它们连贯地报出来。不在于快慢，而在于能把书名中的词语生动形象地再现出来，并顾及上下左右书名的关系，形成起伏变化的节奏。

上海戏剧学院的赵兵老师，创作并范读过这些书目，现将录音附于书后，供大家学习借鉴。

报书目

学朗诵，搞文艺，要多读书，勤学习。中外名著，不可不读，成千上万的书目，丰盈无数，列举一些供您选读。

《暴风雨》《茶花女》《包身工》《华盖集》《十日谈》《洪波曲》《红与黑》《双城记》《女神》《月牙》《三国演义》《春寒》《伤势》《狂人日记》《战争风云》《彼得大帝》《啼笑姻缘》《聊斋志异》《暴风骤雨》《封神演义》；

《呐喊》《彷徨》《四世同堂》《剥削世家》《百万英镑》《为了生活》《卖花姑娘》《为了生命》《珍妮姑娘》《小家碧玉》《城市姑娘》《悲惨世界》《被抛弃的姑娘》；

《西厢记》《西游记》《播火记》《大刀记》《铜墙铁壁》《老残游记》《木偶奇遇记》《官场现形记》《格列佛游记》《地覆天翻记》《基度山恩仇记》《鲁滨孙漂流记》；

《家》《春》《秋》《寒夜》《子夜》《白夜》《日日夜夜》《一千零一夜》；

《红楼梦》《蝴蝶梦》《海的梦》《金钱梦》《银色的梦》《金陵春梦》；

《林家铺子》《骆驼祥子》《我的儿子》《我这一辈子》《少奶奶的扇子》《第十四个儿子》；

《手的故事》《英雄的故事》《悲惨的故事》《红松岭的故事》《意大利的故事》《一个诗人的故事》《卓娅和舒拉的故事》《洋铁桶的故事》《一个女人翻身的故事》《牧师和他的工人巴尔达的故事》《爱情》《疯狂与死亡的故事》；

《复活》《苦力》《结婚》《登记》《腐蚀》《幻灭》《野草》《点滴》《追求》《光明》《罗亭》《神曲》《火马》《火葬》《偷生》《赶集》《红日》《红岩》《红潮》《红旗》《简·爱》《考验》《火炬》《火线》《伙计》《霍乱》《初恋》《初欢》《金星》《金钱》《金螺》《金罐》《回顾》《回浪》《勇敢》《丹娘》《海燕》《还乡》《大街》《地粮》《母亲》《故乡》《海鸥》《海狼》；

《第一个名字》《第一次嘉奖》《第二次握手》《第二颗心脏》《第三次列车》《静静的顿河》《好兵帅克》《堂吉诃德》。

中外名著，千千万万，历数不尽，请您自己多多去看。

·第三章·

把句读透

——关于句的诵读

第三章

在第二章中曾提到，倘若把作品比作一处建筑，字和词都只是一些建筑材料——水泥、木材，还看不出什么名堂。但到了句，就完成了构件，柱子是柱子，墙面是墙面，有了具体的意思，有了实在的内容。朗读中，倘若不能把句子所包含的意义完整、透彻地传达出来，那建筑就会东倒西歪，没有生命力。可见，朗读中读好句子是十分重要和关键的。

要把句子的含义理解透彻，从口语的角度看，必须涉及停连[①]与重音、语调与语气两方面的问题。

① 停连：指有声语言表达思想感情的重要技巧之一。在播音的语流中，声音的休止、中断，属于停顿；那些有标点而不显示中断的地方属于连接。

第一节

停连和重音

一、停连——停中有连，连中有停，传情达意，得心应口

（一）停连、标点和“留白”

在诗人戴望舒的诗作《我用残损的手掌》中，有这样一段文字：

因为只有那里我们不像牲口一样活蝼蚁一样死那里永恒的中国

想要一口气读完这段话是不太可能的，那怎么办呢？当然是读一读、停一停，停一停再读。读作品，读和停是必需的，不可能一直读下去，也不可能停下来后不再接着读下去，因为作品没读完，你的朗读任务尚未完成。可见，停和连的问题，

其实是朗读中最自然、最难回避的，它首先是由人的生理状况（气息）所决定的。

但是，停连又绝对不是随意的。什么地方该停？停顿多久再连上去？连读上去后该慢还是该快？这都应该是有依据的。其实，口语朗读有停有连，书面阅读也是有停有连，因为眼睛也是需要休息的，标点符号就是区分停连的。古时没有标点，人们就设法用红竹签、香头在该停顿的地方做标记，称为“句读”，还成了一门学问。前文引用的《我用残损的手掌》，作者写作时所用的标点符号是这样表达的：

因为只有那里我们不像牲口一样活，

蝼蚁一样死……

那里，永恒的中国！

这就容易理解了。标点对混沌一片的文字作了划分，各层次的意思就明确了。在省略号前，表达了诗人对解放区新生活的理解和追求——崭新的“生”和“死”；省略号后则强调那样的中国才是永恒的、充满了希望的。所以，我们在朗读时绝对不能忽视标点符号——尤其是点号（表示停顿的一类标点符号，包括顿号、逗号、冒号、分号、句号、问号、感叹号等），朗读时要把作者的意图表达出来。

然而，标点毕竟也是书面的，它作用于视觉，而朗读作用于听觉，是口耳相传的。尽管多数情况下，二者是统一的，但具体表达时，两者也是有区别的。仍以上述诗句为例，倘若让我来读，口语处理的停连是这样的：

因为，只有那里，

我们不像牲口一样活，

蝼蚁一样死……

那里，永恒的中国！

这就是听觉和视觉的区别。眼睛接受的内容可能会多一些，注视的时间可能会长一些，因为文字是静止的，允许读者盯着看、反复看。所以，它的停顿可能就会少一些。而朗读的声音是稍纵即逝的，与听众的交流又是面对面的，停顿得过少，连读太长（读很久才停）会显得沉闷，影响交流，破坏节奏感。

这里有一个问题，就是标点通常只解决句子间的问题，而不解决句子内部的停连问题。譬如下面这个句子：

我们不像牲口一样活

很难再在 9 个字中插入标点了，但倘若你一口气读完这个句子，肯定会感觉意思表达得不充分。那这句话要表达的是我们怎么活？“不像牲口一样”是最主要的内容，“不像”后面要停顿，这是个重要的否定判断。“牲口一样”这一核心内容要表达得集中鲜明，停顿以后再接“活”字，指出这一种活法是含糊不得的，更是必须否定的。若停在“牲口”后面，造成“不像牲口”，就把意思搞混了。因此，我们朗读时可以这样处理：我们不像 / 牲口一样 / 活。

这里提一下句中省略号的处理问题，也涉及停连。在描绘了新社会的“死”“生”状态后，诗人用了一处省略号，省略的是什么内容呢？是因新生活而引发的兴奋和喜悦，是对新生活的无限热爱和追求，是渴望新生活永存的信心，等等。于是，作者接下来才信心十足地高喊出“永恒的中国”口号。这些内容就要靠停顿来表达，停得匆忙，停得不足，停得上下感情联系不到位，甚至朗读到此处时，眼神与手势没能跟上，都会减弱以致破坏这一停顿的效果。

另外，括号和引号也常涉及停顿。正如戴望舒这首诗的下面四句：

> 这一片湖该是我的家乡，
> （春天，堤上繁花如锦障，
> 嫩柳枝折断有奇异的芬芳，）
> 我触到荇藻和水的微凉；

描绘的是诗人家乡的湖光水景，但它包括了两部分内容。一是回忆以往美好的风光，用括号集中起来插入第一、第四两句之间，如此一来，括号前后就都要停顿，以表达时间间隔。而括号里面的逗号则不需要太长的停顿，要紧凑地呈现出一个完整的画面。括号结束则回到了现实，这个过渡更不能匆忙，否则读者跟不上。甚至可以插入“如今”“此刻”这类词语，以交代得更加明白。须知，省略号、括号、引号这类标点是看得见而听不到的，只能通过在声音上做处理，才能让它们显示作用。

这里想提一下“留白”这个词，中国画往往讲究留白，就是在五彩缤纷的画面上有意留下一些空白，为读者和观众提供想象与扩展的空间。朗读也是如此，因此一定要把停顿处理好，为读者体会诗人内心活动提供条件。现在有些人朗读速度较快，不注意停连，尤其在读古诗文时，总读不出那种充裕和舒徐来。古诗句中有时虽只有短短七个字，但实际却包含了很多内容和画面，如“月落乌啼霜满天”这句诗中就有三幅画，要引导读者一幅一幅欣赏和感受，这时就需要留白，为读者提供必要的时间与空间。有时，同样的字数所包含的内容、浓度、密度是大不一样的。“月落不久天未亮”就无须多停顿，因为它说的是一个意思，多停顿反而拖沓了。

（二）只有恰当的停连才能准确传达句子的含义，实现作品朗读的目的

由于汉语的构词能力很强，词与词之间的组合比较自由，停顿不当容易产生歧义，造成误解，如：

他想起来了

他 | 想起来了

他想 | 起来了

“他”后停顿，表示他想起了什么事情；“他想”后停顿，表示他要起床了。两者意思完全不一样。再如：

他走了一个钟头

他走了｜一个钟头

他｜走了一个钟头

“他走了”后停顿，“一个钟头”是他离开的时间；“他”后停顿，说明他“一个钟头”里始终在走路。有些长句子停顿不当，还会闹笑话，如下面两例：

有文凭的和尚｜无文凭的干部，都要努力学习专业知识。

我们的军官要爱护士｜兵要团结友爱。

“和尚”有什么文凭？原来“尚”应当跟后面的“无”结合成为“尚无”文凭的干部。而军官“爱护士”则是爱护“士兵”之误。由此可见，不能随意停顿。

停连的处理要从语法和逻辑角度思考，更要从心理角度，也就是思想感情的角度思考。前二者要服从后者，否则句子的内涵难以读透。先从语法角度看：

我用残损的手掌，

摸索这广大的土地：

这一角已经变成灰烬，

那一角只是血和泥；

从语法角度分析，三句句子主语分别是“我”和两个“一角”，谓语是“摸索”“变成”“只是”，宾语是“土地”“灰烬”“血和泥”。前者是陈述的对象，后者是对对象的陈述，两部分当然要区分开、要停顿。谓语倘若是带宾语的，谓语中心词和宾语之间也应该停顿，这样句子的主体部分就都明晰了。

句子中还常有定语、状语、补语这些修饰成分，修饰语和中心词之间也应停顿，如“广大的|土地”“已经|变成”。有时，修饰语较长，是一个介词结构，如“用残损的手掌|摸索”都应停顿，这样语法的作用才直观。修饰语在句子中往往是至关重要的，甚至可能是一句话的核心内容，是否需要停顿、该如何停顿，都需要仔细推敲。

特别值得注意的是，第二句句末的冒号提醒了读者下面的四处分号，一直到第五处的省略号都是“我摸索”到的内容，都是不可分割的整体。因此，冒号和省略号一前一后都要有充分的停顿，以表明它们的语法关系。与此相类似，有时句子会取消独立性而充当新句子的宾语，这里也必须停顿，以提示读者对后面内容的注意。如《在马克思墓前的讲话》中，恩格斯曾说道“当我们再进去的时候，便发现他在安乐椅上安静地睡着了”。这里的“发现”后面一定要停顿，因为下面原是一个完整的句子，现在取消了句子独立性，使其充当“发现”的宾语。因此，一定要表达出它的完整内容，不要搞得支离破碎。

有的句子中的逻辑关系富有特点，也需要设计停顿，以充分显示它的内涵，如下述这些例子：

尽那边，我蘸着南海没有渔船的苦水……

——戴望舒《我用残损的手掌》

上海石库门关着一个闷热的季节，

一个让整个民族都透不过气的季节

——《从石库门到天安门》

是飞天神袖间千百年未落到地面的花朵

——舒婷《祖国啊，我亲爱的祖国》

第一句“我蘸着苦水”是一般的表述。苦水是指“南海”，这是非同一般的，因为通常南海是富裕的，水是不苦的。但是此时不一样，被日寇霸占欺凌的南海，以“没有渔船”为典型。句子产生了巨大的逻辑力量，朗读时要用停顿以突出它的境况。

第二句，季节性闷热通常是自然现象。如今“整个民族都透不过气”，这就成了具有深刻内容的描述，整个句子因这层意思而提升。所以，要运用停顿把它显示出来。

第三句，千百年来，“飞天”一直手捧“花朵”，但始终停留在天上，落不到“地面”，不能给人间带来福祉。这一不正常的现象难道不是一场历史悲剧吗？它的逻辑含义不是更令人震撼吗？因此，朗读时必须处理相应的停顿，以触发读者的理解与感悟。

语法也好，逻辑也好，说到底都是为了充分表达作者的思想感情。但有些时候，运用语法、逻辑等方法还不足以达到这一目的，或者说特殊的思想感情会突破常规，不受语法、逻辑等一般规律限制时，停顿可以甚至必须有相应的设计和处理。

下面是恩格斯《在马克思墓前的讲话》的开头：

3 月 14 日下午两点三刻，当代最伟大的思想家停止思想了。

让他一个留在房间里还不到两分钟，当我们再进去的时候，便发现他在安乐椅上安静地睡着了——但已经是永远地睡着了。

作者用这两段文字叙述了马克思的逝世，但始终未出现“死”“逝世”“停止呼吸”这些人们常用的字眼，而是用“停止思想”和“永远地睡着了”来表达，既含蓄、典雅，又准确、深刻，表达了作为一个亲密战友无比悲痛又理智的感情。除了通常的语法逻辑之外，最后一句在表达时的停顿设计更值得推敲。“在安乐椅上安静地睡着了”只是一个假象，破折号是表明要向大家解释真相了，但怎么解释呢？破折号的停顿表示了这一思考，接着出现了“但”，说明接下来发生的一切是不同寻常的。要停顿，要听众做好准备，“已经是”这三个字表明这件事是不可回避的，但要如何用语言表达呢？“已经是死了”吗？ 不！这太直白了，不符合作者的心情，所以要停顿得长一些，反映作者选择词语的慎重。终于找到了“永远地”这个修饰语，“永远地睡着了”是对马克思安详辞世准确而又充满感情的描述，但“永远地”表明一切都不可挽回了。因此，在“永远地”一词前后都需要设计停顿，既表达了作者细腻深情的思考，不能在与听众的交流中唤起双方的共鸣。短短一句话中出现了三处不短的停顿，完全是情感表达的需要，一切要服从于它。

有人把停顿分为语法停顿、逻辑停顿、感情停顿等，我觉得没有必要，也很难划分。但是，在朗读实践中，调动一切手段为传达文本内容服务、为表现作者思想感情服务，停顿还是可以较准确地把握的。

二、重音——核心问题是强调①

（一）重音的由来和效果

句子中有不少词和词组，朗读时通过停连已经把它们划分清楚了，但哪些是重要的、需要突出强调的呢？我们通过分析、体会，把它们找出来之后，用读音的处理，把它的重要地位强调出来，这就是重音。

重音和停连一样，可以从语法、逻辑和心理角度考虑，但最终要服从思想感情表达的需要。

从语法角度看，与停连类似，主语和谓语相比较，谓语较重要；谓语部分，中心词与宾语相比较，宾语较重要；修饰语往往比较重要，如果句子较长，内部再作分析。以前面分析过的《我用残损的手掌》前面四句为例，“残损”“广大”“灰

① 本节中，“·”标记为重音，“—”标记为次重音。

烬”“血和泥”都应强调，“已经和只是”也应突出，分别是重音和次重音，再看这首诗的结尾四句：

因为只有那里是太阳，是春，
将驱逐阴暗，带来苏生，
因为只有那里我们不像牲口一样活，
蝼蚁一样死……
那里，永恒的中国！

“太阳”“春”“阴暗”“苏生”“牲口”“蝼蚁”“永恒”等重音，从实质内容上强调，三处“那里”作为次重音则从地域角度予以补充。从逻辑角度看，前面提到的“南海没有渔船的苦水”“让整个民族都透不过气的季节”“未落到地面的花朵”等表达了鲜明的逻辑关系。有时候，这种关系甚至会突破句子涉及两个或多个句子，如《祖国啊，我亲爱的祖国》中：

我是你的十亿分之一，
是你九百六十万平方的总和。

作为个体我很渺小，只有十亿分之一。但我身上所体现的民族精神和国家力量却非常强大，有“九百六十万平方”之大。这两句形成鲜明的对比，突出了每个中国公民应有的内涵，具有强大的逻辑力量。

至于恩格斯《在马克思墓前的讲话》中“最伟大的思想家停止思想了”和“已经是永远地睡着了”，更加体现了语法、逻辑和心理的综合思考，充分而又深沉地表达了作者的思想感情。

此外，重音不是一成不变的，有时一句话中的许多词都可以充当重音，但表达的内容会有所变化，回答的问题会有所不同，强调的重点也会大不一样，请看下面这句话：

这扇玻璃窗是我擦的。（哪扇玻璃窗？这扇）

这扇玻璃窗是我擦的。（擦的是什么窗？玻璃窗，不是纸窗）

这扇玻璃窗是我擦的。（是玻璃窗吗？当然，玻璃门是他擦的）

这扇玻璃窗是我擦的。（是不是你擦的？是，当然是）

这扇玻璃窗是我擦的。（是谁擦的？是我，不是他更不是你）

这扇玻璃窗是我擦的。（是擦的吗？是，不像你，用拖把拖的）

完全相同的六句话，由于重音的处理不同，所表达的重点就完全不一样了。类似的例子还有很多，再如下面这句话：

中国人民从此站起来了！

如果把重音标在“从此”上，强调的是重要的历史时刻；如果是标在“站”字上，则突出了中国人民历史地位的改变；如果两句重复读，重音的变换会使语言表达更丰富。

有时，一个句子中可能不止一个重音，那么这些重音之间就建立起相应的关系，其强调的意义和程度必须一致，不能再分轻重，如鲁迅小说《孔乙己》中有下面这么一句话：

孔乙己是站着喝酒而穿长衫的唯一的人。

在鲁镇之所以找不到第二个孔乙己，唯一的原因就在于他是又"站"着喝酒又穿"长衫"。这样，"唯一""站着""长衫"就紧紧联系在一起、拆分不开了，这三个重音同时出现，使这个句子有了高度的概括力。

不是所有的词都可以充当重音，有时重音是没有必要的，如：

今天早上太阳从东方升起

那"明天早上"太阳就会从"西方"升起吗？太阳永远是从东方升起的，这是无须强调的。有时，重音处理不当还会闹笑话，如：

我有一个好爸爸

爸爸永远只有一个，谁还能有两个爸爸？完全没有必要重读。

这里还有必要提一下普通话语音的"轻重格式"问题，汉语词语中有大量的多音词，这些词在朗读时自然会产生词中的字（音节）孰轻孰重的问题。例如"朗读""朗诵""朗声"三个词，人们朗读时，一般都是"朗声"中，前面的"朗"读得较重；"朗诵""朗读"中，后面的"诵""读"读得较重。这样，前一种称"前重格式"，后一种称"后重格式"，这是语音发展中多年来形成的习惯，与词性、词义和构词格式都没有必然联系。而且，它也不是绝对不会改变的，会随着语言环境的变化而变化。例如，“电脑”一词通常是后重格式，而在“这是电脑”这个句子里，它如果是在“用电”的语境中，为了强调“电”，则为前重格式。长期以来，轻重格式的掌握几乎是自发的，相关研究很少，为此方言区尤其是南方人很难掌握。好在近年来上海戏剧学院的同志在宋怀强、赵兵等老师的带领下，通过实地采风等方式，投入大量精力编写了《普通话简明轻重格式词典》，由上海音乐出版社出版。该词典删繁就简，按前重、后重和两可三种格式，对一般需要使用的多音词作了划分。例如，以“共”打头的词，有“共产主义”“共度”“共和制”（分为“共和”和“制”两部分，前一部分“共和”是后重）属于前重；“共产党”“共和国”“共存”“共管”“共鸣”“共同市场”“共同语言”等是后重；“共计”“共同”“共总”等属两可，也就是可前可后。这和我们朗读中所讲的句中重音不是一回事，但也必须掌握。

（二）处理重音的读法

再说重音的读法。顾名思义，重音当然要读得重一些、拖长一些、用力一些，所以有些人把重音又称为“重读”。

其实，问题不是那么简单。说到底，重音的设置是为了强调和突出某些词语，而强调和突出无非是要引起听者的注意，方法是可以多种多样的，不只重读一种。大体上说，以下四种方法是大家运用较多的：重音重读、重音停顿、重音字顿、重音轻读。

读重音时，重读（就是读得重些）是大量的，而且同停顿往往是结合在一起。前面已经举了不少例子，现在再来看舒婷《祖国啊，我亲爱的祖国》中的开头几句：

我是你河边上｜破旧的｜老水车，
数百年来｜纺着｜疲惫的｜歌，
我是｜你额头上｜熏黑的｜矿灯，
照你｜在历史的｜隧洞里｜蜗行摸索。

这里的“破旧”“疲惫”“熏黑”“隧洞”都是重音，在它们前面都应有较长的停顿，以表示突出强调。“老水车”“矿灯”“历史”“蜗行”“摸索”是次重音，出现前也应有停顿，但停顿不是很长。所谓重读也是相对的，不是扯着嗓子喊，如“破旧”，尤其是“疲惫”，都不应该读得太响亮，可以通过拖长强调。“熏黑”“隧洞”则可读得高些；而“蜗行”“摸索”都比较具体形象，更应该结合第二章的内容，用绘声绘色的方法把它读活。

这里要再提一下词的轻重格式。词在作为重音读时，更要注意轻重格式，大家可以查阅《普通话简明轻重格式词典》，如以下这些词：

破旧　疲惫　熏黑　隧洞　蜗行　摸索

“重音字顿”指的是把重读的词一个字一个字地读出来，

不一定很重很响，但每个字都停顿能给人留下深刻的印象，如“围追堵截”等都可以用字顿的方法来处理。有时要强调书名、歌名、诗名，也可用这个方法，如《从石库门到天安门》一诗中：

当“英特纳雄耐尔”的旋律

成为陕北农民口中的“信天游”

《东方红》便从黄土高坡唱遍全中国

“英特纳雄耐尔”是《国际歌》中的响亮口号，“信天游”是著名陕北民歌，《东方红》是具有历史影响的革命歌曲。三处都用一字一顿的方法读出来，会给人们留下深刻的印象，从而更好地阐释了中国革命和世界革命的关系。

更需要注意的是“重音轻读”。有些成为重音的词，不仅不能读得响亮，反而要轻读，读出它的轻微、柔嫩和发自内心深处的细腻，让心曲缓缓流淌出来，如：

新中国的少年儿童是多么幸福啊！

我绝不辜负组织对我的信任。

“幸福”若大喊大叫，反而显得有些虚假；“信任”是不需要公开并广为宣扬的事情，尤其是在对话时，更需要真诚、深挚、将心比心。可见，重音的读法还是要服从思想感情的需要。再看舒婷《祖国啊，我亲爱的祖国的》的结尾：

祖国啊，我亲爱的祖国！

这句诗是对祖国母亲的深情呼告，激情满怀但又内向含蓄，任何不适当的夸张和张扬都会被人视为拿腔使调、装腔作势，会大大削弱表达的效果。

（三）停连和重音难以分割

停连解决的是句子成分的分合问题，重音解决的则是句子成分的主次问题，两者都涉及整体和部分的关系处理，难以分割。停顿，尤其是较长的停顿，往往会引起听众的注意，具有强调的作用；重音已经有所强调，也就使语句中的层次划分更为鲜明。这样，两者经常糅合在一起，难分难舍。以鲁迅杂文《为了忘却的纪念》为例：

天气愈冷了，我不知道柔石在那里有被褥不？我们是有的。洋铁碗可曾收到了没有？……但忽然得到一个可靠的消息，说柔石和其他二十三人，已于二月七日夜或八日晨，在龙华警备司令部被枪毙了，他的身上中了十弹。

原来如此！……

在一个深夜里，我站在客栈的院子中，周围是堆着的破烂的什物；人们都睡觉了，连我的女人和孩子。我沉重地感到我失掉了很好的朋友，中国失掉了很好的青年……

笔者为一些文字做了标记，指出了重音和次重音，尤其是证实噩耗的“中了十弹”和恍然大悟的“原来如此”必须破

格强调。“此”字在原来的四字词语中是协调的，而在诗中却应该单独突现出来，类似呼叫般地揭示残酷的现实，竟是“这样”，竟能“这样”出人意料，要读得让人惊心动魄。而紧接着的省略号，在最初的版本里不仅标了十二个点，而且另起一行后又打了近二十个点，说明那时的鲁迅有许多话要说：对敌人令人发指的残暴行径的揭露和控诉，对年轻战友们献出生命的无比悲痛，对当前严峻革命形势的思考与探索，乃至对今后革命前途的深深思索……一切都在思考中，但都无法表达出来，只有沉默着，让读者一同思考。这里的省略要破格的长，否则同“在一个深夜里”的衔接会显得十分突兀，会破坏此时此刻无比悲痛和沉重的氛围。当然，倘若能有适当的音乐伴奏来填补这段时间会更好，但曲目要选择恰当。总之，无论停顿还是重读，都是有感而发并包含着强烈情绪，绝不只是一种形式和技巧。

第二节

语调和语气

上一节讲了停连和重音，通过它们的作用，句子变得很清晰，内容变得有条理，思想的内涵和表述的脉络也较清楚地呈现出来，把句子读透也就有了基础。但是，思想之外，句子还包含一定的感情。同样一句话，被情感理解不同的人表达，语音会很不一样；同一个人说同一句话，在不同的语言环境下或者在不同情绪的支配下，语音的发展走向以及起伏变化的轨迹，也会有明显的不同。这就涉及句子朗读时的另一组技巧　　语调和语气。

一、语调[1]——句子表达的走向

（一）语调及其分类

通常人们把句子的声音形式统称为语调，并分为以下四类：

① 说话或朗读时，句子有停顿，声音有轻重快慢和高低长短的变化，这些总称为语调。

昂上（↗） 由低向高提上

降抑（↘） 由高向低降下

平直（→） 基本在一个水平线上

弯曲（⌒↑） 忽高忽低的升降变化

不同于阴、阳、上、去的字调，它是贯穿整个句子而不仅仅是涉及部分字词。同语法中的陈述、疑问、祈求、感叹四种句式看上去似乎有联系，但句式主要是表明句子表达的目的，涉及的语音较简单。语调则重在语音，每一类走向里还要包含情绪、情感的变化，内容要比语法中所说的语调多得多。譬如下面这句很平常的话：

你明天到我这来

用四类语调都可以读。把上、下、平、曲的不同走向都表达出来，而且在同一走向上，还会有不同的语音变化，并通过这些变化，传达出相应的情感和态度。其中，平直调较简单，表达的是平和、安静的情绪和状态；降抑调就复杂得多了，肯定、庄重、感叹、沉痛、恼怒、感叹、请求等多种情感都能传达；而昂上调包含的内容最多，欣喜、轻松、疑问、怪异、激怒、命令、号召等诸多状态均在其中；至于弯曲调，表达的是鄙夷、嘲讽等态度，一般只用在幽默语句中，如反语、调侃。这些不同情绪和态度的不同读法，很难用文字传达出来。

（二）语调对情绪、态度的传达

1. 更要注意“四大基本技能”

前面讲到词的读音时，曾涉及快慢（语速）、高低（音调）、大小（音量）、轻重（力度）四大基本技能，现在讲到句时也一样，只有运用它们来指导情绪和态度，才能把句子的内容传达得更具体、生动、深入、全面，才能把句读透。

以“在那遥远的地方，有位好姑娘”为例，前半句是句子的背景，“有位好姑娘”是由五个字组成的后半句，可以读出多种语调。如读昂上调时，可以用很高兴的情绪来表达愉悦的情感；也可以加大音量，兴奋地向人们宣布；还可以带上疑问的成分询问是否真的有此事；甚至还可以带着激怒的态度责问，严肃地指出根本没这回事，那里压根没有好姑娘。而在读降抑调时，可以轻缓地表示肯定、确定无误；也可以更加内向而动情地读出，以抒发内心深处的赞许之情；还可以庄重地宣布，以表示不容置疑，无须再议；甚至可以恼怒地制止人们争论不休的谈论，停止这个话题。其实，这些不同的语调是与说话人的目的、对象、用意和要求相联系的，回答的是不同问题，给予的回复可能字句相同但却包含不同的潜台词。若回答的是“那里有好姑娘吗？”，答案“有位好姑娘”，体现了愉悦的心情；若回答的是“那里真有好姑娘吗？”，答案“有位好姑娘”就会被高度兴奋地说出，因为包含了“真有，了不起的好姑娘！”这样的潜台词；若回答的是“你拿得准吗？”的疑问，答案虽同是五个字，潜台词却成了“拿不准，让我再观察观察”；若是回答对方“哪儿来的什么好姑娘？”，你可能会暴跳如雷地反驳，同样这五个字，潜台词已成了“你瞎说，明明就是有位好姑娘！”这几句所涉及的降抑调，每句针对不同提问，都包含着不同的潜台词。

从上述分析可见，人们能把具体的、各不相同的情绪和态度用语音如实地表达出来，靠的是什么呢？靠的就是四大基本技能。语速较慢，语调较低，音量相对较小，力度较弱，还可以表达一般的愉悦情绪；而语速加快，语调升高，尤其是音量变大，力度变强就会变成狂喜，所有情绪都毫无控制地外泄，异常兴奋地近于吼叫。不是每个人都习惯这样强烈地表达情绪，有的人甚至不一定能掌握如此丰富多样的控制技巧和能力。但长久以来，在无数人的感情交往中，人们还是逐渐形成了这些相对稳定的形式，使喜怒哀乐的情绪、褒贬爱憎的态度有了相应的声音载体，这个载体就是四大基本技能，我们必须充分熟练地掌握它。

2. 具象（文字）–抽象–具象（语音）

我们朗读的基础是作品，是文本，它所表达的词语和句子都是具象的，如《祖国啊，我亲爱的祖国》中的第一句：

我是你河边上破旧的老水车

这里“河边”“水车”等实物是具有形象的。“破旧”“老”这些修饰语虽无形无体，但也是人们都能理解与领会的，尤其是当读者理解了这里的“我”不仅仅指作者个人，而“你”是指我们亲爱的祖国，这样，整句话的内涵就清楚地呈现了。不仅祖国儿女和母亲的关系清楚了，祖国儿女在贫困母亲身边的艰苦时日也清楚了。于是，一切具象都被抽象出来，在人们的心里形成了贫穷、落后、艰难、困苦的概念。这些概念人们是熟悉的、理解的，知道并习惯用四大基本技能以相应的语调把它读出来。这种声音是具体的：走向是降抑调，情绪是悲哀的。具象的文字变成了具象的声音，这一过程的转换，功劳在于抽象，在于理解，而转换的方法正是四大基本技能。

在这抽象的过程中，还可以用想象与类比的方法来帮助提升，扩大视野，掌握语调。想象与类比的参照，可以是人或物，也可以是大家熟悉的一切。以人为例，人生的各个阶段通常是与一定的情绪和状态相呼应的，如青少年时期，蓬勃向上、精神焕发；成熟了的中年、壮年，则平稳庄重；而年老之后，就会呈现衰弱迟钝与力不从心的状态。这三个阶段分别与昂上、平直与降抑相匹配，在此基础上进行想象和类比，对语句含义的抽象及语调走向变化的选择，肯定会有帮助。再如大千世界的万物：日月星辰，风雨雷电……大自然的物候千百年来陪伴着人们，人们对它们已形成相应的情绪和态度，拿过来类比，会使语调的处理更加鲜明。至于生活中和文学作品中经常出现的某些动植物，几乎已形成了人们抒发感情的符号，诸如松柏的坚挺、莲花的高洁、蜜蜂的勤劳、狗熊的笨拙，倘若与语句中的抽象意念相类比，也一定会使语调更加形象、更富有感情。

有的作品中，诗人以严密的结构、充分的思考对句子的语调做了整体安排，形成不同语调的相对集中，以显示作品感情色彩的鲜明变化。仍以《祖国啊，我亲爱的祖国》为例，第一段的降抑调，第二段的平直调，第三段的昂上调，不仅从形式上体现了鲜明的节奏变化，还从内容上表达出诗人对祖国的认识，由迷惘、深思到沸腾的变化，由低沉痛苦的迷惘、严肃认真的深思以及热情豪放的沸腾的变化。语调上的整合与变化，有力地传达了作品的基调和主题，是我们在朗读中必须思考与设计的环节。

二、语气——语和气结合的细腻变化

说完语调之后再来说说语气，这两个词常常紧密联系在一起，有时甚至难以区分。

（一）怎样理解语气？

对于“语气”一词，语言学家吕叔湘先生认为有广义和狭义两种理解。广义的“语气”包括语意和语势；狭义的“语气”可以解释为概念内容，相同的语句因使用的目的不同所产生的分别。吕先生是从语言学角度看问题的，更关心语气在义理方面的作用。除了句子所表达的最基本的内容之外，不同的人在不同的语境中，出于不同的表达目的，对语句的有声表达会产生怎样的影响，考虑更多的是准确性、对思想内容不走样的要求。

同样对“语气”一词，朗诵专家张颂先生也有不少生动的说明。他认为，语气是朗读中语句的“神”与“形”的结合体。这个结合体，从纵向说，是作品贯穿线的结节点，是语言链条的一个环；从横向说，是朗读走向深化的入口，是感受，是给予听众的门窗。因此，语气向我们提出的要求是形神兼备。显然，张颂先生更多是从朗读学的角度看问题，更关心语气在情感方面的作用，考虑更多的是充分性，要求在与听众的交流中语气没有缺失、都能到位。

我认为，应当把这两位前辈的看法结合起来理解。其实，无论是内在情感还是外在声音，都能把句子既准确完整又形象地充分表达，从而达到“把句读透”的目的。

（二）感情表达中的“语”和“气”

提到语句的有声表达，人们往往对声音的作用比较重视，对声音表达的技巧也比较下功夫。但是在说话时，声音之外还有一个关键同样不可或缺，这就是“气”。“气”指的是说话时的气息状态，声音和气息合成产生了气韵，这才能保证口语表达的准确与充分。朗读时，声随意转、气随情动、因情用气、以情带声，千变万化的感情就可以被综合地表现出来了。

下面是笔者学习、借鉴了很多前辈和同行的论述后，概括归纳出的一些朗读时主要的感情要求，包括声音、气息、口腔动作和总体感觉，较为具体。

爱	气徐声柔	温和感	口腔宽松	气息深长
憎	气足声硬	挤压感	口腔紧窄	气息猛塞
悲	气沉声缓	迟滞感	口腔如负重	气息竭尽
喜	气满声高	跳跃感	口腔如千里轻舟	气息如不绝清流
惧	气提声凝	紧缩感	口腔如冰封	气息如倒流
怒	气粗声重	释放感	口腔如鼓	气息如椽
疑	气咽声黏	踟蹰感	口腔欲松还紧	气息欲连还断
欲	气多声放	伸张感	口腔敞开	气息力求畅达
急	气短声促	紧迫感	口腔如弓弦	气息如穿梭
冷	气少声平	冷寂感	口腔松懒	气息微弱

这些说法当然只是相对而言的。每篇作品都不同，每个人也不同，只能以作品内涵、朗读者的理解为主，可以拿这些要求做参考，但不能以这些要求为唯一准则，让朗读者去适应它。朗读的过程是千变万化的，不能把要求当作一个固定模板，那样就会缺乏发自内心的真情实感，朗读就会走向拿腔使调的形式主义道路，这是不可取的。

下面列举了一些例子，结合前文提及的这些要求，看看朗读时应该如何具体把握和处理。

1. 爱——以舒婷的《致橡树》为例

每一阵风过，
我们都互相致意，
但没有人，
听懂我们的言语。
你有你的铜枝铁干，
像刀，像剑，也像戟；
我有我红硕的花朵，
像沉重的叹息，
又像英勇的火炬。
我们分担寒潮、风雷、霹雳；
我们共享雾霭、流岚、虹霓。
仿佛永远分离
却又终身相依。

这是一首深沉而又温婉的爱情赞歌。朗读时，前四句可以穿插些神秘感；中间五句是相互赞美，要发自内心由衷地夸奖，但不要过度彰显，甚至讨好；后四句，描写同甘共苦，不同的词要分别描绘，不要受限，最后的“终身相依”是最有深度的，要充满爱意，但又宽松深挚，总之爱必须真诚。

2. 憎——以臧克家的《有的人》为例

有的人，骑在人民头上：

“啊，我多伟大！”

……

骑在人民头上的

人民把他摔垮；

……

有的人，把名字刻入石头，

想“不朽”；

……

把名字刻入石头的

名字比尸首烂得更早；

……

有的人，

他活着别人就不能活；

……

他活着别人就不能活的人，

他的下场可以看到；

……

这首诗共七段，除第一段外，后面六段的每一段都设置了鲜明的对比。前半部分是这些人的罪恶行径：压榨人民、自我标榜、置人于死地。朗读时要充满憎恶的语气，要声硬气猛，还要带上嘲讽口气予以夸张。后半部分是这些人的可耻下场：连尸体都早已腐烂。朗读时当然会大快人心，但是基调仍不能脱离憎恶，是一种正义伸张的宣判。可见“憎”不是单一的，它在此与嘲讽、批判紧密结合。

3. 悲——以聂绀弩的《一个高大的背影倒了》为例

一个高大的背影倒了，
在无花的蔷薇的路上——
那走在前头的，
那高擎着倔强的火把的，
那用最响亮声音唱着歌的！
那比一切人都高大的背影倒了，
在暗夜，在风雨连天的暗夜！

这是聂绀弩在鲁迅先生逝世一个月后所写的一首悼念长诗的开头一段。在诗人看来，身材瘦小的鲁迅先生是“比一切人都高大的”。人们通常只能看到他的背影，因为他始终面对敌人进行正面的斗争。这样一个革命斗士，如今离我们而去，怎能不悲痛万分？所以，诗中的两个“倒了”，一定要充满悲痛的感情。值得注意的还有两处：一是先生的战斗环境仍未改变，“无花的蔷薇”即充满荆棘的路，正待我们走下去；二是先生高举火把、高唱战歌，始终走在最前面的高大形象，永远活在我们心中，鼓舞着我们。因此，这里的悲是悲壮，而不是悲惨、悲切，这是必须掌握的。

4. 喜——以舒婷的《祖国啊，我亲爱的祖国》为例

我是你簇新的理想，

刚从神话的蛛网里挣脱；

我是你雪被下古莲的胚芽；

我是你挂着眼泪的笑涡；

我是新刷出的雪白的起跑线；

是绯红的黎明

正在喷薄；

——祖国啊！

这一段文字是在报喜，向祖国汇报人们崭新的生活。令人无比喜悦的有两点：一是“理想”“胚芽”“笑涡”“起跑线”“黎明”……这些是蓬勃向上充满活力的新生事物；二是它们都并非从天而降，而是都经历了磨炼、挫折和斗争才获得新生的，是尤为可贵的。这里的喜悦是欢快、跳跃，充满活力的。

5. 惧——以李白的《夜宿山寺》为例

危楼高百尺，手可摘星辰。

不敢高声语，恐惊天上人。

李白的这首诗想象大胆，极具夸张之妙。最后一句虽提到“恐惊”二字，但惊什么呢？惊惧天上的那些神仙？这有什么好惊的？说不定会成为好朋友呢！看来此时的“惊恐”并非真正的惧怕，充其量不过是一些担心，但有关上天的美好想象，却带给了人们美好的享受。因此，朗读时不要真正惧怕，“惧”是促进想象的引子。

6. 怒--以闻一多《最后一次讲演》为例

大家都有一支笔，有一张嘴，有什么理由拿出来讲啊！有事实拿出来说啊！（闻先生声音激动了）为什么要打要杀，而且又不敢光明正大来打来杀，而偷偷摸摸地来暗杀！（鼓掌）这成什么话？（鼓掌）

今天，这里有没有特务？你站出来！是好汉的站出来！你出来讲！凭什么要杀死李先生？（厉声，热烈的鼓掌）杀死了人，又不敢承认，还要诬蔑人，说什么"桃色事件"，说什么共产党杀共产党，无耻啊！无耻啊！（热烈的鼓掌）这是某集团的无耻，恰是李先生的光荣！李先生在昆明被暗杀，是李先生留给昆明的光荣，也是昆明人的光荣！（鼓掌）

闻一多先生的战友李公朴先生在昆明被国民党反动派暗杀了。在悼念李先生的大会上，闻先生即兴演讲，公开揭露了反动派的阴谋，指斥了他们的罪行，义正言辞，据理力争。这股燃自内心的万丈怒火具有摧枯拉朽的力量，这番为捍卫真理而置生死于不顾的崇高品质和大无畏精神给人们以巨大的震撼。演讲的文字几乎全是感叹句与反问句，连珠炮似的，句句紧跟，一气呵成，容不得敌人插嘴。朗读时最大的特点是语气高低起伏，如同大江浪涛，一浪高过一浪，有着强烈的节奏感。好些地方蓄势待发，以沉重悲痛的语调紧追不舍，到了关键点就大声疾呼，将愤怒与仇恨全然释放，如同编织了一张天罗地网，把反动派严实地罩住，无处遁逃。这完全要靠内心世界的充分表达，不是光靠形式和技巧就能彰显的。

7. 疑——以梁小斌的《中国，我的钥匙丢了》为例

天，又开始下雨，
我的钥匙啊，
你躺在哪里？
我想风雨腐蚀了你，
你已经锈迹斑斑了。
不，我不那样认为，
我要顽强地寻找，
希望能把你重新找到。

这是改革开放初期影响广泛的一首诗。诗作以“钥匙”为象征，指在当时我们把解决众多问题的办法搞丢了，所有的锁都打不开了，但诗人又坚信钥匙能够失而复得。诗中许多疑虑、猜测的思索给了读者有意义的启迪。读时要深入思考，切忌简单处理。

8. 欲——以陈元喜的《让我们一起向前》为例

所以我们不想返回，
我们成群结队，
从陆家嘴向前，
就是海的深；
坐超速电梯向上，

就是山的高。

兄弟从工地向前，
就是母亲的微笑；
妹妹从玉兰花向前，
就是甜甜的爱情。

我从阳光向前，
就是诗歌；
我们一起唱着歌向前，
就是康庄大道。

这首诗的前半部分以“返回”为中心，阐述了倒退是没有出路的；诗的后半部分则怀着强烈的追求之心表达了让我们一起向前的美好愿望。这一欲望表现得很充分，既有向上、向前的方向感，又有“兄弟”“妹妹”的实际追求，虚实结合，充满了走上康庄大道的乐观和坚定。这里的欲望是信心十足的，不要受茫然或无措的干扰。

9. 急--以郭沫若的《天狗》为例

我飞奔，
我狂叫，
我燃烧。
我如烈火一样地燃烧！

我如大海一样地狂叫！

我如电气一样地飞跑！

我飞跑，

我飞跑，

我飞跑，

我剥我的皮，

我食我的肉，

我吸我的血，

我啮我的心肝，

我在我神经上飞跑，

我在我脊髓上飞跑，

我在我脑筋上飞跑。

这是五四运动时期鼓吹个性解放的名篇。诗人以“天狗”自喻，近于疯狂地宣泄“我便是我”的自由，表达回归自我、自我更新、涅槃重生的大胆愿望。“不要命”的急切是全诗节奏的特征，一切都是快速的，而且是越来越快的，但表述又是清楚的。急切与清晰的统一、疯狂与清醒的统一，是朗读时必须注意的。

10. 冷——以陈元喜的《让我们一起向前》为例

如果让汽车返回，

就是一块铁，

让铁返回就是石头。

如果让高楼返回，
就是钢筋水泥，
再返回也是石头。

冬天不开花秋天不结果的石头，
如果返回就是火焰，
就是冰冷与沉默。

这首诗具有深邃而冷静的思考，正是这种“冷”使它充满了哲理。以汽车和高楼为标志的现代化物质财富拔地而起，使人眼花缭乱。诗人以丰富的知识和大胆的想象逆向推论，论述了这些物质财富的创造过程，指出亿万年来，从冰冷的宇宙到地球的爆发、矿场的开采、工业的兴起，直到如今的现代化。人们就是这么一步一步走过来的，倘若“返回”，最终只能回到“冰冷与沉默”。谁愿意呢？“倒退”是绝对没有出路的。冷静的思考充满了逻辑性和说服力，冷静而不冷漠，冷静中蕴含着热切的思索，令人敬佩和羡慕。

（三）句子诵读的两项训练

前面两章讲完后介绍了一些训练方法，这里结合句的诵读再向大家介绍两项训练。一项是读成语。中国的成语不计其数，且常由四字组成。虽只有四字，但如同一句压缩的短语，多有完整的意思，并蕴含相应的感情。带着感情并运用四大基本技能来读，对提高诵读句子的口语表达能力会有一定的提升和帮助。

成语一般分两类。一类是按照句子的情绪和色彩汇集，越丰富多彩，越能增强比较效应。如：

寸草春晖　　寸步难行

日丽风和　　日旰忘食

海晏河清　　海誓山盟

笔走龙蛇　　笔下超生

桀犬吠尧　　桀骜不恭

以“寸草春晖”“寸步难行”两个成语为例。“寸草春晖”来自唐人孟郊《游子吟》中“谁言寸草心，报得三春晖？”这两句诗说的是慈母的恩情和儿子的报答犹如太阳的光辉之于小草，以小草那拳拳之心如何才能报答太阳的沐浴之恩呢？虽只有四字，却要读出母子之间拳拳切切的感恩之情，既有对比又有感悟，是很有趣的。相比较而言，“寸步难行”就简单多了，这个词很具象，能具体地表达出处境的艰难。

另一类是一些首字相同的成语，朗读起来也会很有趣，如：

万代千秋　　万夫不当

万古流芳　　万紫千红

万箭穿心　　万籁俱寂

万马奔腾　　万水千山

万念俱灰　　万人空巷

以上十个成语都是“万”字开头，但千变万化、情态各异，有的庄重、有的绚烂、有的自信、有的悲痛、有的绝望、有的昂扬……句句都有形象、有意境，放在一起读更便于参照、比较与借鉴。

另一项训练是读独词句[①]“啊”。

“啊”是个独词句，它可以表达出千变万化的情感、读出难以数计的语气，不妨先试试用下列 15 种语气来读“啊”：

坚定　犹豫　愉快　压抑

轻松　沉重　高兴　狂喜

惊讶　悲哀　激动　不安

失望　绝望　又有了希望

朗读时，要结合内心体验。最好再对着镜子参照面部表情，多多练习就能熟练地掌握。如“惊讶”的上挑，“绝望”的气绝，“又有了希望”的盼求……这些感受生活中我们都可能经历过，所以一定要结合自己的实践，把诵读训练和日常生活结合起来。

原想像赵兵老师读“报书目”那样做一些示范，但考虑到无论成语还是“啊”，毕竟都还没有完整作品的背景和基础，范读较难处理和判定，因此还是把它们当成组装的零件，作为一项技巧，多读多练吧。

---

① 独词句是指单独一个词或者以名词为中心词的偏正词组表达一个完整的意思，成为一个句子。

·第四章·

把篇读全

——关于篇的诵读

篇，也就是篇章。它由若干句子串联起来，先连成一个个自然段，再由若干自然段铺展开来，达到一定的篇幅，就成了独立存在的完整文章。

文章是如何构成的呢？原本没有什么关系的字、词、句是如何串联、结合在一起的呢？这些字、词、句作为构件，组成了文本的篇章。朗读时，篇章不是静止的、平面的，那它是如何具有生命力地推进、发展，从而完整地、立体地表达出作者的思想感情、态度情绪的呢？最初写下来的文字是作用于视觉的，而朗读是作用于听觉的、口耳相传的。要掌握怎样的方法才能把作用于视觉的文字转换呢？由内在的结构转化为口语形式的节奏；由内容所包含的态度和感情，转换为口语表达时听众所能体会与接受的基调。这两个核心就成了朗读到篇章阶段所必须掌握的，也是朗读一篇作品时必须最终达成的。

本章的标题是“把篇读全”。“全”就是把文本所包含的内容和形式，“把篇读全”即全面地、完整地以口语的形式体现出来，不遗漏、不走样，从而完成一次审美鉴赏的再创作。

第一节

从结构看节奏

一、结构

任何作品都由字、词、句构成，最后以篇章的形式呈现在读者面前。作品的篇幅通常不同，比如一部长篇小说可以长达数十万字，而一首小诗却只有短短几句，但它们都有自身内在的结构。那什么是结构呢？它具有怎样的内容和形式？把握其结构有什么规律吗？

（一）整体和局部

任何事物，不论大小，都是由若干局部构成整体的。作品也一样。哪怕只是一首短短的绝句，它也是由一个个局部构成的整体。

如王之涣的《登鹳雀楼》：

白日依山尽，黄河入海流。

欲穷千里目，更上一层楼。

全诗一共四句二十个字，分为两个部分：前两句描绘所见的广阔视野，后两句表达为扩大视野而层楼更上的愿望和决心。前景后思，景为人所观察，思为景所触发，二者不可分割，从而构成了登高望远的整体。若只有景则显得单薄，若只有感则将失去依托。

有的篇章单纯简洁，但也有其内在结构，如前面提到过的《下雪了》，不就是一幅“雪景图”吗？它也由两部分构成：一是雪，由下雪到雪停、日出；二是人，由“行人很少”到“同学们都到院子里玩雪”。两部分统一在一个时间段里，但又互相依存、不可分割。

有的篇章，表达的是作者的思考，是思考的各个侧面，也形成了它局部和整体的关系，如于敏俊的《如果》：

如果你是一朵浪花，

那你只能随波逐流，

任凭风儿牵着你的手。

如果你是一个回声，

那你只能祈求别人施舍，

而自己一无所有。

如果你是一只风筝，
任你飞得再高，
也总有一个尽头，
因为，生活紧攥在别人手中。

不要做浪花，
你应是自己的主宰和舵手；
不要做回声，
你应用自己的声音去震撼宇宙；
不要做风筝，
应挣脱锁链去拥抱自由。
飞得更高更远，
把整个世界看个够。

小诗由两部分构成。前三段运用想象，以形象的事物比喻不妥当的人生道路。第四段是总结，语重心长地劝诫人们舍弃前三段提到的假设，选择真正的自由，掌握自主的、有价值的人生道路。

再看俄国作家屠格涅夫写的短文《乞丐》：

我在街上走着……一个乞丐——一个衰弱的老人挡住了我。

红肿的、含着泪水的眼睛，发青的嘴唇，粗糙、褴褛的衣服，龌龊的伤口……呵，贫困把这个不幸的人，弄成什么样子啊！

他向我伸出一只红肿、肮脏的手……他呻吟着，他哀求施舍。

我伸手搜索自己所有的口袋……没有钱包，没有表，也没有一块手帕……我随身什么东西也没带。

但乞丐在等待着……他伸出来的手，无力地摆动着和发着颤。

我惘然无措，惶惑不安，紧紧地握了握这只肮脏的发抖的手："请原谅，兄弟！"

乞丐那对红肿的眼睛凝视着我；他发青的嘴唇笑了笑——而且，他也紧紧地握了握我那变得冷起来的的手指。

"哪儿的话，兄弟！"他嘟哝着说，"这已经是很可感谢的了，这也是恩惠啊，兄弟！"

我明白，我也从我的兄弟那儿得到了恩惠。

这原本只是生活中的一个小小镜头，瞬息即过，但仍值得分析与切割。作品中有两条线，一是乞丐的乞讨，二是"我"爱莫能助的窘迫。两条线交叉、汇合，以"施舍是相互的"这一理念，反映了人们"兄弟"般互助、互谅、互亲、互爱的纯真关系，感人至深。而作为一个事件，从起讫的时间过程看，又可分为三段：乞讨、尴尬、"兄弟"相握。情节的推动促成了主题的升华。

许地山写的《落花生》亦是名篇：

我们家的后园有半亩空地，母亲说："让它荒着怪可惜的，你们那么爱吃花生，就开辟出来种花生吧。"我们姐弟几个都很高兴，买种，翻地，播种，浇水，施肥，没过几个月，居然收获了。

母亲说："今晚我们过一个收获节，请你们父亲也来尝尝我们的落花生，好不好？"母亲把花生做成了好几样食品，还吩咐就在后园的茅草亭过这个节。

晚上天色不太好，可是父亲也来了，实在很难得。

父亲说："你们爱吃花生么？"

我们争着答应："爱！"

"谁能把花生的好处说出来？"

姐姐说："花生的味儿美。"

哥哥说："花生可以榨油。"

我说："花生的价钱便宜，谁都可以买来吃，都喜欢吃。这就是它的好处。"

父亲说："花生的好处很多，有一样最可贵：它的果实埋在地里，不像桃子、石榴、苹果那样，把鲜红嫩绿的果实高高地挂在枝头上，使人一见就生爱慕之心。你们看它矮矮地长在地上，等到成熟了，也不能立刻分辨出来它有没有果实，必须挖起来才知道。"

我们都说是，母亲也点点头。

父亲接下去说："所以你们要像花生一样，它虽然不好看，可是很有用。"

我说："那么，人要做有用的人，不要做只讲体面，而对别人没有好处的人。"

父亲说："对。这是我对你们的希望。"

我们谈到深夜才散。花生做的食品都吃完了，父亲的话却深深地印在我的心上。

《落花生》以物喻人，因事交代，篇幅虽短，但结构巧妙。它头尾都扣住落花生，其中以赏尝花生的"收获节"为主体，边尝果实边对话，把花生的好处一一道出后，父亲又以物喻人，道出了"人要做有用的人"这一真谛，完成了主题的诠释。落花生从播种到收获，交谈中从孩子们的回答到父亲的引导和总结，条分缕析，平易朴实，又引人入胜，是很难得的。

一些政治或社会问题相关的演讲、陈述，一般不属于文学作品，但在有些场合也是需要朗读的。由于它们的表达方式多以议论和说明为主，不像小说有情节，不像诗歌有格律，在结构方面要求会更高，下面以陈云同志的一篇讲话为例：

在延安的时候，我曾经仔细研究过毛主席起草的文件、电报。当我全部读了毛主席起草的文件、电报之后，感到里面贯穿着一个基本指导思想，就是实事求是。那末，怎样才能做到实事求是？当时我的体会就是十五个字：不唯上、不唯书、只唯实，交换、比较、反复。

不唯上，并不是上面的话不要听。不唯书，也不是说文件、书不要读。只唯实，就是只有从实际出发，实事求是地研究处理问题，这是最靠得住的。交换，就是互相交换意见。比方说看这个茶杯，你看这边有把没有花，他看那边有花没有把，两个各看到一面，都是片面的，如果互相交换一下意见，那末，对茶杯这个事物我们就会得到一个全面的符合实际的了解。过去我们犯过不少错误，究其原因，最重要的一点，就是看问题有片面性，把片面的实际当成了全面的实际。作为一个领导干部，经常注意同别人交换意见，尤其是多倾听反面的意见，只有好处，没有坏处。比较，就是上下、左右进行比较。抗日战争时期，毛主席《论持久战》就是采用这种方法。他把敌我之间互相矛盾着的强弱、大小、进步退步、多助寡助等几个基本特点，作了比较研究，批驳了"抗战必亡"的亡国论和台儿庄一战胜利后滋长起来的速胜论。毛主席说，亡国论和速胜论看问题的方法都是主观的和片面的，抗日战争只能是持久战。历史的发展证明了这个结论是完全正确的。由此可见，所有正确的结论，都是经过比较的。反复，就是决定问题不要太匆忙，要留一个反复考虑的时间。这也是毛主席的办法。他决定问题时，往往先放一放，比如放一个礼拜、两个礼拜，再反复考虑一下，听一听不同的意见。如果没有不同的意见，也要假设一个对立面。吸收正确的，驳倒错误的，使自己的意见更加完整。因为人们对事物的认识，往往不是一次就能完成的。这里所说的反复，不是反复无常、朝令夕改的意思。

这十五个字，前九个字是唯物论，后六个字是辩证法，总起来就是唯物辩证法。

这是有关实事求是问题的重要讲话，一头一尾紧扣“十五个字”。尤其是结尾，把它提到了唯物辩证法的高度，充分体现了讲话的深度和价值。而中间的核心部分则是重点突出，主要是对“交换”“比较”“反复”进行阐述，眉清目楚，易懂易记，从结构方面看，的确是篇佳作。

作品都具有内容和形式两方面的结构，它的局部和整体也要从内容和形式两方面进行分析。结构首先是由内容决定的。世界无非由事物和人物构成，如《登鹳雀楼》里的落日和河流、《下雪了》里的雪景，从存在看，都有它所处的位置；从发展看，都有它经历的阶段。人的活动，无论是人与物发生关系的赏景、玩雪还是种植落花生，无论是静态还是动态，也都是由一个个部分或阶段构成。至于人和人之间，乞丐与施舍者也好，父亲和孩子们也好，都是从各自的部分出发与抒情对象融成整体，最后形成了“施舍”“赏尝”这样的事件。

人的思想感情活动，虽然看不到、摸不着，但无论是对人的劝诫还是对工作的思考，也都是由局部再到整体的。可见，作品所反映的内容是结构的起点和实质，文字、标点符号乃至自然段的划分，则是结构的形式，是为内容的呈现而服务的。语文课上，学生们最怕给课文划分段落，正是由于他们多单纯地从形式出发，不深入思考物的构成、人的活动、思想的进展、事态的变化，只停留在形式上，为划分而划分。其实，作品的段落划分不是绝对的，要看你从哪个角度考虑，要考虑达到什么目的。

（二）层次和层面

同一事物，由于各部分大小、高低等不同而形成的区别，就是层次。某一层次的范围称之为层面。我们认识事物并把它表达出来，就要按照一定的次序把这些层次、层面反映出来。

下面这首小诗是柯健君的《认识一个字》。篇幅短小，内容集中，好像谈不上什么层次，其实不然。

如果给我权利，
就把小学课本第一册第一页的
第一个字写成：爱
不管城里还是乡村的孩子，
第一个要认识的字就是
爱！

教材第一课要详细并且图文并茂，

解释爱的起源、运用、语言和动作，

教孩子们拼读——

ai，ai，

简单，纯净，不含杂质。

爱！爱！

爱父母，爱老师，爱同学，爱自己！

爱家乡，爱北京！

爱我们亲爱的祖国！

清脆的朗诵声要从汉族、蒙古族、维吾尔族

藏族、回族、苗族、壮族、彝族……的孩子们口中传出，

教他们爱的写法，

一共十划，先是撇，再是点、点、点……

如果真有这个权利，我要

再扩大一些。把世界上不同国家和地区的

小学课本第一册第一页的第一个字

写成——爱！

不管白皮肤、黑皮肤，蓝眼睛或黑眼睛，

不管是讲英语，法文，拉丁文还是阿拉伯语，

都学会念：ai，ai，ai……

爱世界！

爱和平！

诗中所讲的那个字是“爱”，要让小朋友从上学的第一天就认识它。怎样才叫认识呢？从词语的内涵上看，要了解它的起源、运用、读法和所表达的动作；从形式上看，要拼读它的读音，书写它的笔画。这就是两个层次，而第二层“形式”方面又包括了语音和文字两个小的层面。值得注意的是，在讲完中国的时候，作者还想让世界上不同国家和地区的小朋友也都认识这个字。于是，诗形成了三个层次：第一层，中国和世界的孩子都要认识这个字；第二层，要从内容和形式两方面来认识它；第三层，形式方面包括语言和文字。第一层次的两部分，明显是前重后轻，讲中国的事详细，说到外国的事简略。但有了这个结尾，大大提升了作品的立意和价值。由“爱祖国”到“爱世界”“爱和平”，对孩子们“爱”的教育更充实了。但是这三个层面不能混淆，“清脆的朗诵声”是从中国各民族的孩子们口中传出来的，而“皮肤与眼睛的不同颜色”则涉及世界上的不同人种，前后不能互换；世界范围内语种不同，“（丿）撇”“（丶）点”这些笔画只是汉字才有，也要区分清楚，写在不同的层面上。

这样看来，作品文本的层次大体是依照下面这样的次序由小到大排列的：自然段—层次—段落—章节—部分—全篇。有的文章内容丰富、层次很多，就会先出现小节，如上面多次提到的鲁迅先生的杂文《为了忘却的纪念》。首先，五个小节构成了这篇为两年前牺牲的“左联”五烈士所写的纪念文章。第一章节由回忆两年前有关消息的报道，引出了对白莽（殷夫）的回忆，着重写了二人的三次会见；第二小节由给殷夫带书回忆起柔石，由于来往及了解较多，写得较详细；第三小节是个过渡，由柔石被捕的消息串联起五烈士被捕前后的线索；第四小节写五烈士，尤其是柔石从被捕到被害的情形，并强烈地抒发了无比沉厚的悲痛与愤懑之情；第五小节是抒情，抒发了“年老的为年轻的写纪念”的复杂感情，并表达了“将来总会有人记起他们，再说他们的时候”这一坚定信心。这样的长文当然不适合全篇朗读。一般朗读时，会节选第四小节和第五小节的抒情文字，这一部分又可划分层次，并有相应的排比句。

层次其实也是相对的，除去自然段，一般总认为是最小的单位。但有些文章，尤其是议论文，其自然段很长，还可以划分层次。例如，陈云文章中有关“反复”问题的阐述，本身已经是这个自然段的三分之一，但仍可分三个层次。先是一般的解释说明，接着以毛主席为例，介绍三项处理办法，最后再做补充说明，指出“反复”不是什么，以划清界限，十分清楚。层次越清楚，每个层面的特点越鲜明，对我们朗读越有用。

（三）纵向和横向

作者的思想感情不是静态的，它总在发展变化，因此文本中各个部分之间的关系也是动态的、不断发展的、共同推进的。推进的方式主要有两大类：纵向和横向。

一般反映一件事情、一个过程，都采用纵向结构。说清来龙去脉，一步带一步，一环扣一环，脉络很清楚。例如《那一声爹》写的是女儿和继父之间的关系，从幼时不肯认同，连“叔”都叫得勉强，到一步步随着读书、搬家、谋生、罹世等，二人的关系逐渐改变。直到继父去世，女儿从国外回来奔丧，在灵前撕心裂肺地大喊一声“爹”，动人地写出了人间高于骨肉亲情的“挚爱真情”。文章不长，人物和细节也不多，但每个阶段都清晰、具体，给读者留下深刻的印象。这就是纵向结构的典型。

有些作品的内容与时间的关系不大，主要是对事物本身或人的思想内涵作出反应，往往采用横向结构，构成物或想法的各个部分，上下高低、前后左右，登堂入室似的一一道来，结构也会充实而完整。以裴多菲的《我愿意是急流》为例，这是诗人写给妻子以表达热烈诚挚的爱意的作品。全诗一共五段，分别以“急流”“荒林”“废墟”“草屋和云朵”比喻自己，而以“小鱼”“小鸟”“常青藤”“火焰和夕阳”比喻爱人。每一段中，用两个喻体一一对应地表达了自己无私忘我地把一切奉献给爱人、护佑她度过美好生活的强烈愿望。这五段是完全平行的，五个部分甚至连结构也非常相似，尤其是每段都以“我愿意是……”开头，循环往复，逐段上升，使作品主题得到升华。这种横向并列并不停留在一个平面上的，而是回旋递进地把诗人丰富的情意多层次、多侧面地表现在读者面前，从量变到质变，除爱情的坚贞和执着之外，还透露出饱经沧桑的苍凉和悲壮，大大增加了作品的深度。本篇是横向结构类型作品中的佼佼者。

从上述两例我们可以体会到：纵向结构要避免单调的平铺直叙，横向结构要克服浅薄的依次排列。为此，不少作者常常会把纵向和横向结合起来，采用纵中有横、横里含纵、纵横交错的结构，这样可大大丰富作品的形式，也充分促进读者的思考，使作品更具立体感。

以臧克家的《有的人》为例。这首诗为纪念鲁迅有感而作，诗人由鲁迅想到了世上截然不同的两类人：一类是鲁迅那样“俯首甘为孺子牛”、至死也永远被人民怀念的伟人；一类是与伟人鲜明对立的，压迫人民、自我标榜、不让别人活下去的小人、罪人——那些行尸走肉般的独夫民贼。两种对立着的“有的人”自始至终鲜明地对立着，在每个自然段的四句中各占两句，形成了全诗最基本的横向结构。但全诗的七段中，又有着严密而深入的纵向思考和剖析：第一段，一开始就显示了二者的对立；第二段到第四段，从对人民的态度、对自己的评估，到对“为谁活着”的生死观一一作了表述，刻画出两类人不同的生命实质；第五段到第七段又与第二段到第四段一一对应，道出了两类人三个方面截然不同的结局。这样，纵向又有了三个层次，完整地结束了作品。笔者认为，第七段后不妨再重复一遍第一段，作为第八段结尾，似乎能够更好地起到首尾呼应的效果，仅为个人想法。可见，纵横交错的结构是朗读中必须掌握和重视的一种方式。

（四）推进和线索

作品的整体是由部分构成的，作品的推进却是以整体进行的。如果说，在整体结构的剖析中，我们应注意对各部件的分析。那么，在整体结构的推进中，我们则更应注重各部件的组装，找到它们之间的共同点，在作品的总体中，使其相互映衬、补充、协调完整地向前发展和推进。特别是有些作品表现的内容比较复杂，着眼点多，切入口不止一个，就更需要在整体结构上有完整的构思和安排，否则难以整体化地流畅推进。

以戴望舒的《我用残损的手掌》为例。这首诗是诗人被关在日寇的牢房时完成的，表达了对半壁江山已沦陷于敌手的祖国命运深切的关注和无比热爱的感情。对祖国的爱不是抽象的，作为诗歌，这种爱更应该是具体的、形象的。于是，诗人从眼前的现实和脑海里的记忆中抽取出一幅幅画面，并把它们想象成一张完整硕大的地图，而用已经残损的手掌抚摸，来表

达不同的爱恨情仇。

画面分为三类：一类是沦陷区，从东北到华南，大好河山已成人间地狱；一类是家乡，对江南沦陷前美好景象的回忆；还有一类是“依然完整”的“辽远”的抗日根据地。对前两类，诗人边抚摸边对比，但主要表达的是对日寇暴行的控诉和憎恨；而对第三类，诗人则以无比热爱之情予以歌颂，并寄托了对祖国光明未来的热切盼望。所有这些感受都是借助“残损手掌”的抚摸而完成的。它既是现实，更是想象，作品在这种虚实结合的推进中完成了对主题的表达。尤其值得注意的是，以“辽远的一角”为标志的转折，无论是在词语运用、色彩基调，还是语调、语气都发生了巨大变化，从而把主题表现得无比鲜明，把感情抒发得极为强烈，将三部分融合成了一个整体。“用残损手掌抚摸”的动作贯穿了始终，成了一条鲜明的线索，保证了作品有血有肉地推进，体现了诗人在艺术上匠心独运的水平。

在结构上设置线索，以便串联起作品的各个部分，形成具有内在联系的、不可分割的整体是十分必要的。线索可以多种多样，具体的事物、小小的道具、一件难忘的事情、一个平凡的人物等都可以成为线索。具体的事物如《落花生》里的“落花生”，一件难忘的事情如《小河》里的“溺水事件”，都是很好的线索。例如《小河》，全文七个自然段始终在讲小河，但小河不是故事的主体，只是事件发生的环境背景，只是故事叙述的一条线索。故事的主人公是母亲，主要情节是怀孕的母亲为救落水的孩子而最终失去了生命。作者不直接写事故，而是围绕小河写自己十几年前的回忆；作品的标题不用“母亲”，而用“小河”，是为了把故事的人物和事件包裹在浓浓的背景环境中，悠长的时间流逝增添了沧桑感，人亡景存的空间扩大了作者的感情厚度和浓度，使作品更加让人久久难以忘怀，这要比就事论事的叙述更耐人寻味。再如《那一声爹》中的父女关系其实是挺复杂的，但作者只抓住了十几年间“称呼”的发展变化，从前面十来次叫的“叔”到最后那声“爹”的哭喊，把人际关系中的深情厚爱紧紧地、浓浓地凝聚在这条线索上，点石成金，大大提高了作品的感染力。这个线索的设计是非常成功的。

二、节奏

前文对有关作品结构的问题进行了一些分析，厘清了任何作品都是由局部构成整体的概念。局部的分析、整体的呈现是写作时必不可少的工作，也是读者阅读时难以回避的课题。否则，作者写不出或者读者读不懂。而作为篇章，也难以让写、读双方完成各自的任务。

但前文的分析与阐述大都是针对作品的书面形式，是从文字角度进行的，这对理解与把握作品内涵固然是重要的，但对以声音为表现形式的朗读却涉及甚少。所以，我们还要从声音的角度来对作品的结构，也就是对整体的构成与推进达成进一步分析。这就必须谈到节奏的问题了。

（一）从视觉到听觉——寻找声音运动的辙印

无论是在大自然，还是在人类社会，任何事物都在发展变化着、运动着。这些运动从总体上看都不是杂乱无章的，而是规整有序，自有其一定的规律性。这种规律性我们称“节奏”。节奏在不同事物上的体现是各不相同的，昼夜晦明、一年四季、生老病死、山川大河、花开花落、架桥铺路……都有它们的节奏。文艺作品的任务之一是把这些节奏反映出来，而反映本身又需要遵循一定的节奏。音乐的节奏体现在声音上，美术的节奏体现在画面上，建筑的节奏体现在造型上，文学作品的节奏则体现在语言文字上。讲作品结构时，实际上涉及的正是语言文字在长短、徐疾、高低、强弱各方面的状态和变化。但是，这些变化体现在文字上，仅作用于读者的视觉，如句子的长短、自然段的疏密、段落的多少、篇幅的分量，乃至排比句的铺排、繁简，省略号出现的频率，等等，这些都能体现节奏。有的诗人讲究诗的“建筑美”，甚至还会追求文字构成的图像，以体现节奏的美感。

但是，无论怎样变化，作品书面形式的节奏毕竟是平面的、静止的。我们朗读时要用声音把它们转化成立体的、动态的，而仅仅依靠原文所提供的依据远远不够。由结构分析的视觉观察到节奏体现的听觉体验，应当是一个飞跃，是把用视觉接触的文字再度创作成用听觉接受语音的过程。虽然，只要对作品的结构剖析得细致、得当，又具有一定的与阅读书面语相应的有声语言的表达能力，完全可以把这些看似无生命的文字绘声绘色、活灵活现地再现。但是，倘若未能对文本的结构予以充分、深入的分析，或者在语音表达上缺乏以声达意、以声表情、以声传神的能力，那么节奏的体现将是一个难题。

朗读和默读，从形式上看，最大的区别在于无声与有声。无声的文字化为有声的语音，声音的运动，就成了最主要的载体。朗读作品、朗读每一篇文本都应有与作者思想感情相吻合的声音，这些声音运动的辙印就是节奏需要研究的问题。语音传播最明显的特点是速度的快慢，也就是语速，因此就有人认为节奏是语速的问题。但其实语音还涉及声音的高低、强弱、抑扬等，也就是我们多年来一直强调的抑扬顿挫。所以，节奏是一个综合的问题，它协调声音表达中方方面面的因素，使听者从听觉能感受到声音是丰富多变、新鲜活泼的，是令人愉悦又耐人寻味的。这种对语音运动中规律和秩序的探讨与把握，就是朗读中节奏处理的主要任务。

（二）自由而不散漫——波澜起伏，回环往复

抑扬顿挫、轻重缓急是很早就总结出来的汉语语音表达的

特点，从字词开始就影响并规范着我们语言的表达。为了把词读活，我们要运用四大基本技能来描绘字词的性质状态和作者与朗读者的感情；为了把句读透，四大基本技能要融入句的停顿、重音，尤其是语气中，从而把握好朗读每个句子的轻重、缓急、高低与强弱。如今说到篇的朗读了，为了把篇读全，则要读出作品的整体美，就得抓住节奏这个环节，把构成篇章的每个词语、句子、段落、层次，尤其是它们之间的相互关系读出来，以综合、全面地展示其构成、发展与变化。

仍以《落花生》为例，前文中我们分析了它的结构，有了结构的基础，就可以设计处理它的节奏。开头一段写“落花生”，从生产到收获，是作品的引子，也是作品的话题，娓娓道来，含着一番喜悦，但又是朴实的、淡淡的。其中一大部分文字在交代“收获节”，由于父亲的加入，气氛显得热烈，情绪欢快，节奏扬起，孩子们的对话七嘴八舌，父亲的谆谆教导亲切而深挚，朗读时的语速可多变化。在话及以物喻人时，更是含有深意，节奏变得深沉厚重，耐人寻味。最后一段回到“落花生”，但意犹未尽，留下余音袅袅。全文朴实亲切，由轻而重再复轻，条理清晰，但中间的主体部分不是平铺直叙，而是热烈活跃、起伏不定。这原本是件小事，因节奏鲜明而显得错综见意、曲折生姿，比父亲一个人讲大道理要有趣得多，也耐人寻味得多。

可见，节奏是自由的，不呆板、不生硬；但又是统一的、规整的，不散漫、不杂乱。波澜起伏、回环往复是节奏的基本要求。

有的作品由升高到跌宕，内容有很大的起伏，那该如何掌握节奏呢？让我们看看席慕蓉的《一棵开花的树》：

如何让你遇见我
在我最美丽的时刻
为这
我已在佛前求了五百年
求它让我们结一段尘缘
佛于是把我化作一棵树
长在你必经的路旁

阳光下
慎重地开满了花
朵朵都是我前世的盼望

当你走近
请你细听
那颤抖的叶
是我等待的热情

而当你终于无视地走过

在你身后落了一地的

朋友啊

那不是花瓣

那是我凋零的心

不少人都喜欢这首诗，并把它当成情诗读，其实不准确。前半部分确实是情诗，对爱情的渴望写得真挚强烈，也很浪漫，如“我已在佛前求了五百年 / 求它让我们结一段尘缘 / 佛于是把我化作一棵树 / 长在你必经的路旁”等。节奏是强烈的，追求是坚定的，等待是热情的，尤其是诗中的“颤抖”一词，说明内心忐忑不安，节奏并不是稳定的。然而，后半部分突然来了个大转折，对方竟对这一切“无视”而过，压根儿不予理睬，理想彻底幻灭了，这是多么大的打击啊！至此，女主人公未爆发也未消沉，而是怀着巨大的悲痛，默默地面对这一切，犹如树上凋谢的花瓣一样，流着血的心在缓缓地凋零。刻骨铭心的打击下，依然能一口一口地默默吞食苦果，这又是何等坚韧与执着。此处节奏骤变，但既不是歇斯底里的病态发作，也不是绝顶失望后的痛不欲生，而是默默忍受着、思考着、咀嚼着……低沉、缓慢的节奏，如同凋零的花瓣一样，片片落下、片片打击着女主人公“流着血的心”，也给读者的心留下一道又一道难忘的印痕。由此可见，这是一首失恋的诗，朗读的节奏要显示出它悲剧性的美感。

有的作品本身比较简单，倾向单一，缺少变化，那节奏的设计更不能单调平板，而要从中挖掘出内在的变化。“文如看山不喜平”，朗读的节奏更不喜平，不能让听众产生听觉疲劳。比如《下雪了》，虽然通篇都是一个“雪”字，但不能单调地处理。雪下有物，雪下有人，抓住这些不同的内容与细节、不同的色彩节奏，同样可以呈现作品的变化与活力。让我们来细细品味一下：开篇写下雪，“雪下得真大”，这里的“大”是飘落速度的猛、覆盖地域的广、涉及物体的多、色彩单一的变，节奏是热烈的、动态的；接下来又是一个“静”，行人少与雪下得热闹形成了对比。第二层写“积雪”，阳光下四面八方的积雪是亮、是白、是好看，虽然仍是静态的，但千姿百态，节奏由热烈转为快乐，充满了欣赏的喜悦。最后写“玩雪”，孩子们玩得很开心、很起劲儿，这部分画面真正活了起来，节奏又转变为热闹，充满了青春的活力，昂扬而强劲。

可见，在结构剖析的基础上，节奏总会找到变化的依据，不会总是平直单调的。节奏的灵魂是运动，运动要避同求异，纵向也好，横向也好，纵横交错也好，都要有不一样的显示和变化。

（三）节奏的类型

节奏既然如此丰富多样，那么是否可以进行大体归类，异中求同，以便于分析和掌握呢？可以。不仅可以，而且应该。在对作品各部分剖析时，我们同中求异；将作品的整体表达与

其他作品参照比较时，则应异中求同，概括出它的总体特点，进而把同类的作品归并。反过来，用这些共同点来提示、突现、补充作品，使它更加鲜明，也能使朗读更容易把握。

我们把节奏归纳成六种类型，是相对而言的。在朗读具体作品时，仍必须更深入地分析与体会。

1. 轻快型

作品表达的内容和情绪往往轻松愉快、开朗舒缓，我们在朗读时，语速可稍快、语调可偏高、语气可利落些、力度不要太强，有时还可以有些跳跃感。试读欧阳修的《醉翁亭记》：

环滁皆山也。其西南诸峰，林壑尤美，望之蔚然而深秀者，琅琊也。山行六七里，渐闻水声潺潺，而泻出于两峰之间者，酿泉也。峰回路转，有亭翼然临于泉上者，醉翁亭也。作亭者谁？山之僧智仙也。名之者谁？太守自谓也。太守与客来饮于此，饮少辄醉，而年又最高，故自号曰醉翁也。醉翁之意不在酒，在乎山水之间也。山水之乐，得之心而寓之酒也。

若夫日出而林霏开，云归而岩穴暝，晦明变化者，山间之朝暮也。野芳发而幽香，佳木秀而繁阴，风霜高洁，水落而石出者，山间之四时也。朝而往，暮而归，四时之景不同，而乐亦无穷也。

至于负者歌于途，行者休于树，前者呼，后者应，伛偻提携，往来而不绝者，滁人游也。临溪而渔，溪深而鱼肥，酿泉为酒，泉香而酒洌，山肴野蔌，杂然而前陈者，太守宴也。宴酣之乐，非丝非竹，射者中，弈者胜，觥筹交错，起坐而喧哗者，众宾欢也。苍颜白发，颓然乎其间者，太守醉也。

已而夕阳在山，人影散乱，太守归而宾客从也。树林阴翳，鸣声上下，游人去而禽鸟乐也。然而禽鸟知山林之乐，而不知人之乐；人知从太守游而乐，而不知太守之乐其乐也。醉能同其乐，醒能述以文者，太守也。太守谓谁？庐陵欧阳修也。

这是作者被贬滁州时于醉翁亭的游记，自然美景和人际交游，带给他无尽的乐趣。一个“乐”字成了贯穿全文的主线，也就基本决定了作品节奏的类型。不论是峰回路转的山水之美，还是朝暮与四季变幻无穷的景致之美，不论是滁人往来不绝的郊游之乐，还是太守与客就地取材颇具野趣的宴酣之乐，都把其中的乐趣表现得淋漓尽致。这里的“乐”是摆脱官府羁绊的“山水之乐”，是体现人之真情的“与民同乐”，更是蔑视贬官的超脱坦然的“自得其乐”。要把它们的不同之处表现出来，又要不露声色地把个中深意点到。不能只是为了乐而乐，那就浅薄了。

有的作品情绪不是那么强烈，表达比较含蓄，但也可以归入轻快型，如下面这篇短文《月亮的心愿》：

夜深了，月亮透过窗帘，看见一个小女孩睡在床

上，身旁有个背包，里面装着水果和点心。

月亮自言自语地说：“孩子们去郊游，得去跟太阳公公商量商量，有个好天气。”

月亮又来到另一家的窗前，只见一个小女孩正在照顾生病的妈妈。

妈妈说：“珍珍，早点儿睡吧，不要太累了，你还要去郊游呢。”

“妈妈，我不想去了。”

“还是和大家一起去玩玩吧！”

“可是，医生说您的病还没好呢！”

月亮悄悄地离开了窗户，心里想：“我去跟雷公公说说，还是下雨吧！”

两天后的一个艳阳天，孩子们一个都不少，排着队，愉快地走在郊游的路上。

这是一篇拟人化的作品，以月亮的形象来处理小学生春游前夕遇到的烦恼。文章的节奏可划分为三层。第一层交代月亮想给孩子们郊游提供一个好天气，整体节奏比较平实。第二层是核心，矛盾来了：妈妈生病，但仍想让孩子去郊游；但孩子想要照顾妈妈，宁可放弃难得的机会。母女亲情感人。朗读时要真挚深情，节奏要轻松细腻，不要有负担。最后一层是月亮想出了个好主意，制造了一个雨天，将郊游日拖延到妈妈的病痊愈，两全其美地解决了矛盾。如此皆大欢喜的结局，节奏当然可以扬起加快。但也不要过分，因为这当中包含着对善良人性的褒扬和赞美，美感是含蓄的，宜慢慢体味。

2. 凝重型

这类作品和轻快型相反，作者和朗读者的心理和情绪上都承载着一定的负担，或悲哀，或烦恼，或同情，或抉择，两者都要有深沉的思索和定夺的决心。由此读来宜缓慢深入，具有较强的力度，有时停顿可稍多些，以显示思考。

前文出现过的《乞丐》就属于这个类型。年老体衰的“乞丐”当然值得我们同情，叙述与描写的内容都应缓慢进行，形成缓而低的节奏。但作者遇到了尴尬——身无一物可施舍。至此，节奏可转强，分量可转重，体现直面羞赧的难度。最终，作者发自内心地找到了解决办法——以握手和抱歉表示深深的同情，这是作品的高潮。节奏转为高、强，但语音语气仍要慢、轻。二人相互理解、形成了“兄弟关系”的结局震撼了人心，这时节奏便要缓下来，促使人们思考：施舍是相互的，精神上的施舍或许比物质更重要。这一结论要深深地烙印在人们心中，不要匆匆带过。

凝重型的作品有的会很悲苦沉痛，但有的看上去却仍然乐观平静。例如裴多菲的《我愿意是急流》，诗中“急流”“荒林”“废墟”“草屋”“破旗”的形象和画面，使节奏变得低缓和沉重，但每一段中的对比物“小鱼”“小鸟”“常春藤”“火焰”“夕阳”的出现，都给作品带来了亮色，节奏也随之变得轻快起来。那么，像这样的诗作应该归到哪一类呢？笔者觉得还是应当强调、突出诗人自我牺牲的奉献精神，这是认真思索并付出高昂代价的，只看到结局的美好才会使人感到廉价，更何况这还只是设想，并未成为现实。所以，不要因此影响作品的厚度和分量。同时也可见，节奏和归类不是简单的事情。

3. 舒缓型

这类作品的特点是“缓”，这种缓不只是速度的慢，而应包含许多内容，如气氛的冷清、环境的孤寂、人们活动的凄婉、人际关系的淡漠……推进作品缓缓而行，节奏也就始终在低处彳亍，昂扬不起来。戴望舒的《雨巷》，便是这类作品的典型，请看：

撑着油纸伞，独自
彷徨在悠长、悠长
又寂寥的雨巷，
我希望逢着
一个丁香一样的
结着愁怨的姑娘。

她是有
丁香一样的颜色，
丁香一样的芬芳，
丁香一样的忧愁，

在雨中哀怨，
哀怨又彷徨；

她彷徨在这寂寥的雨巷，
撑着油纸伞
像我一样，
像我一样地
默默彳亍着，
冷漠，凄清，又惆怅。

她静默地走近
走近，又投出
太息一般的眼光，
她飘过
像梦一般的，
像梦一般的凄婉迷茫。

像梦中飘过
一枝丁香的，
我身旁飘过这女郎；
她静默地远了，远了，
到了颓圮的篱墙，

走尽这雨巷。

在雨的哀曲里，
消了她的颜色，
散了她的芬芳
消散了，甚至她的
太息般的眼光，
丁香般的惆怅。

撑着油纸伞，独自
彷徨在悠长、悠长
又寂寥的雨巷，
我希望飘过
一个丁香一样的
结着愁怨的姑娘。

诗人在诗中营造了一处冷清又孤寂的环境——江南雨巷。这首诗的背景画面首尾呼应，节奏始终处在舒缓、柔美之中。作品主体中出现的这位女子现实中或许也存在，但此时只是诗人的想象，因此节奏里又添上了一层朦胧感，似有若无。对女主人公的描绘有三层：第一层相对静止地写她的“哀怨和彷徨”；第二层描写她“像梦一般地飘过”，神秘又悠远；第三层用“散”和“消”写她的离去，若隐若现。这就是她的形象，如同一个谜，那么哀怨，那么惆怅，那么柔美，又那么忧伤。朗读的节奏始终要扣住这些词语，低回婉转，带着几丝悲情，但又充满排解不去的向往。朗读时，节奏要体现诗歌的含蓄美、朦胧美，这个意境一旦被打扰，就什么都留不住了。

和这首诗类似的，还有徐志摩的《再别康桥》，许多年轻的朋友都喜欢朗诵它，把它当成一首写景的佳作，读得十分轻快、惬意，但这是不准确的。“误读”的原因在于没有了解这首诗的写作背景。全诗共七段，中间的四段写校园美景，波光柳影，如幻如梦，惹得诗人禁不住要追寻、放歌。这部分既有眼前的美景，又浸透着当年在此留下的美好回忆，因此，节奏当然是欢快的，而且需逐渐提升和加强。但是，第六段一句“但我不能放歌”却将诗作来了个大幅度逆转，使得美梦破灭，回到现实。现实情况是一切都不顺利：不论事业还是婚姻，作者都陷于窘境；就是此时此刻故地重游也未见到一位熟人。一切美好的境遇都化成了泡影，只得悄悄离去，空手作别。这一惆怅失落的情绪，诗人其实是有所准备的，来就“轻轻”，并未抱什么希望；所见只是如同梦境，越是美好，破灭就越是伤感。如此一来，康桥美景被首尾两段低沉哀怨的感慨万千与依依不舍包裹着，全诗的节奏就不可能愉悦昂扬，整体应是惆怅、失落，可归到舒缓型。可见，作品的节奏是变化的，但主体应服从主题，不能是割裂的、矛盾的。

4. 紧迫型

这里的“紧”与“舒”相对，“迫”即急迫，与“缓”相对，既紧又急，说明矛盾尖锐、问题严重。作者的节奏也就自然地朝急促走，在解决一个个悬念的过程中推进作品。当然，同类作品的内容也是千差万别，有的急得悲哀、惨痛，有的只是思路和探求的迫切，这些情况都要根据作品进行具体分析。

杜甫的《茅屋为秋风所破歌》就是紧迫型的作品：

八月秋高风怒号，卷我屋上三重茅。茅飞渡江洒江郊，高者挂 长林梢，下者飘转沉塘坳。

南村群童欺我老无力，忍能对面为盗贼。公然抱茅入竹去，唇焦口燥呼不得，归来倚杖自叹息。

俄顷风定云墨色，秋天漠漠向昏黑。布衾多年冷似铁，娇儿恶卧踏里裂。床头屋漏无干处，雨脚如麻未断绝。自经丧乱少睡眠，长夜沾湿何由彻！

安得广厦千万间，大庇天下寒士俱欢颜，风雨不动安如山。呜呼！何时眼前突兀见此屋，吾庐独破受冻死亦足！

诗从“茅屋为秋风所破”写起，既有“怒号秋风”的天灾肆虐，又有“群童抱茅”的人祸相欺。要如何应对天灾人祸呢？节奏一开始就是紧迫急促的。无可奈何的“自叹息”一转，情节进入“床头屋漏”的阶段，这是前面“屋破”的延续，由于场景的不同，细节的异样，节奏变得急中有缓、紧中有松，成为徒唤奈何的低吟。“何由彻”发出了呼告控诉之声，悲苦之情强烈至极。那么，要怎么办呢？求人吗？告友吗？都不是。诗人此时想到的不只是自己，天下寒士多得是，岂止我一家？如能造成“广厦千万间”，使天下人都得到庇护，我个人即使庐破受冻也死不足惜。这是何等广阔的胸怀，何等感人的博爱精神。结尾的呼吁写出了诗人伟大的理想，使诗作闪现出耀眼的光芒。由此，节奏也应铿锵有力地奔腾向前，不再是“紧迫”二字所能限制得了的。当然，这不是空喊口号，而是发自内心的真诚祈祷和推己及人的深沉感慨。

再如寓言《羊和水牛》：

羊掉到河里去了，大喊“救命！”

水牛看见了走过来问道：“羊啊，你怎么会掉到河里去了？”

“我刚才不小心掉下来的。”

“你没学过游泳吗？”

“没学过，我不会游泳。”

“难道你不知道，游泳是多么重要吗？”

“我知道游泳是最重要的。”

“那你为什么不学游泳呢？”

“牛啊，你先把我救上来再慢慢问吧！不然……”

“不，不先问清楚，我是决不开始办事的。”

“哎呀！你再问几句，我就要淹死了！”

“那么好吧，我把话说精简些，我问你，你以后到底愿不愿意学游泳？”

“愿意，愿意，你快救我上来吧！”

“很好，看来你已经懂得了游泳的重要，我马上回家去拿一本《游泳入门》给你看！”

水牛回头就走，一边走一边想：我得先让这只羊把《游泳入门》念熟了，然后得叫它天天跟着我学游泳。

故事幽默、夸张，节奏上很有特点。羊跌入河中大呼救命，救羊起来，这是最紧迫的事情，节奏应当紧张而急迫。来了一头水牛，它会游泳，只要下水去驮羊，羊就得救了。但它却不慌不忙问：“你没学过游泳吗？”“难道你不知道，游泳是多么重要吗？”在这紧急万分的时刻，水牛还要把情况调查清楚，各种干扰打岔与说教，就是不实施救助。它甚至要回家拿一本《游泳入门》给羊看，羊不早就淹死了？

作品的节奏是紧迫的，但水牛的话却是平静泰然、慢条斯理地堵截着情节的进展。羊的求救越是急迫，牛的表现就越是笃定，以此形成鲜明的对比。如此夸张的对比使得作品的主题也表达得更加淋漓尽致，对不顾具体情况只是按部就班的主观主义的批判，十分辛辣。

5. 低沉型

低沉型的特点在于低调和沉重。作品低调地推进，没有昂扬与明亮，但看似没有分量的身心历程却十分沉重，因为它的异常分量是压在心上的。心理上的异常承载使沉重变成了沉痛，痛彻肺腑的感觉会贯穿全篇。但又不是简单的悲情，往往包含着许多细腻的心理内涵，如曾卓的《有赠》：

我是从感情的沙漠上来的旅客，
我饥渴，劳累，困顿。
我远远地就看到你窗前的光亮，
它在招引我——我的生命的灯。

我轻轻地叩门，如同心跳。
你为我开门。
你默默地凝望着我，
那闪耀着的是泪光么？

你为我引路，掌着灯。
我怀着不安的心情走进你洁净的小屋，
我赤着脚走得很慢，很轻，
但每一步还是留下了灰土和血印。

你让我在舒适的靠椅上坐下，
你微现慌张地为我倒茶、送水。
我眯着眼，因为不能习惯光亮，
也不能习惯你母亲般温存的眼睛。

我的行囊很小，
但我背负的东西却很重，很重，
你看我的头发斑白了，我的背脊佝偻了，
虽然我还年轻。

一捧水就可以解救我的口渴，
一口酒就使我醉了，
一点温暖就使我全身灼热，
那么，我有力量承担你如此的好意和温情么？

我全身颤栗，当你的手轻轻地握着我的，
我忍不住啜泣，当你的眼泪滴在我的手背。
你愿这样握着我的手走向人生的长途么？
你敢这样握着我的手穿过蔑视的人群么？

在一瞬间闪过了我的一生，
这神圣的时刻是结束也是开始，
一切过去的已经过去，终于过去了，
你给了我力量、勇气和信心。

你的含泪微笑着的眼睛是一座炼狱，
你的晶莹的泪光焚冶着我的灵魂，

我将在彩云般的烈焰中飞腾，
口中喷出痛苦而又欢乐的歌声……

这是一对夫妻相隔多年后重逢的场景，写得刻骨铭心，字字都敲打在读者的心上。丈夫是经受牢狱之苦，又被下放农村改造，历尽磨难，此刻终于回到了自己的家。照理说，应当是欢天喜地的，但是他生理上太“饥渴”“劳累”“困顿”，而心理上更难捉摸妻子对自己的态度以及今后生活的前景。因此，只能忐忑不安，对遭受到的一切“颤栗”“啜泣”，他的自我感觉很卑微，消磨了自尊和自信的他，一切索求都缩到小而又小——“一捧水”“一口酒”“一点温暖”……然而，能够得到吗？丈夫的这一系列心理活动及其外在表现，为作品确立了贯穿的节奏，一切都是小心翼翼的。

妻子呢？同样低调的反应，却是何等有分量，她“凝望”着闪耀着“泪光”，“微现慌张”地接待着他，情不自禁地流露出“母亲般温存”的眼神……啊，妻子没有变，对丈夫的爱依然那么坚贞与神圣。这位伟大女性的一切使作品增加了亮色和暖色，使作品展现出给人温暖和慰藉的节奏。

尤其是第七段，夫妻双方的心灵交汇了：手“轻轻地”相握，泪“缓缓地”相融，丈夫提出了无比严峻的问题：敢于如此走向人生长途吗？敢于如此穿过蔑视我的人群吗？妻子无声却那么坚定地回答改变了节奏，苦难过去了，“力量、勇气和信心”回来了。前景会更美好——“我将在彩云般的烈焰中飞腾，口中喷出痛苦而又欢乐的歌声”，这个光明的尾声不是虚假的、外加的，是这对夫妻——尤其是妻子刚毅信念和美好心灵的应有回报。作品最后两段的节奏迎来了巨大改变，终于迎来了欢乐，但不是轻易得来的，是曾为此付出高昂代价的。

《有赠》节奏是有巨大变化的，而有些作品的节奏则是一贯到底的，如抗日战争期间广为流传的高兰所写的《哭亡女苏菲》，就是从头至尾悲痛至极的。苏菲是高兰教授7岁夭折的爱女，父亲写下这首诗恸诉自己的心声，诗长达20节，道尽了悲苦之情，但毫无单调之感，这是什么原因呢？在于全诗同一节奏里有着不间断的起伏变化。先是向女儿打着隔世的招呼，接着回忆女儿的逝去与自己的无奈；然后假设与女儿交谈并回忆多年来家庭贫穷苦难的生活；最后以自责的心情表达对女儿的哀悼，也表达了与女儿黄泉相聚的决心。虽然核心是一个“悲”字，但每段都有具体内容，每层都有心理变化。朗读时完全可以体现这种起伏变化，具有丰富的层次与多变的色彩，语调、语气也会腾挪跌宕，给人们带来听觉上的美感。

6. 高亢型

这是高声又昂扬的一种类型，立于情感的最高点，以饱满的情绪、充沛的热情，毫不隐瞒地向人们宣告自己鲜明的观点，表达自己不折不扣的强烈爱憎。这样，在语音的快慢、高低、强弱和轻重上都向更高层次发展与推进，如郭沫若的《天狗》：

我是一条天狗呀！
我把月来吞了，
我把日来吞了，
我把一切的星球来吞了，
我把全宇宙来吞了。
我便是我了！

我是月的光，
我是日的光，
我是一切星球的光，
我是 X 光线的光，
我是全宇宙的 Energy（能）的总量！

我飞奔，
我狂叫，
我燃烧。
我如烈火一样地燃烧！
我如大海一样地狂叫！
我如电气一样地飞跑！
我飞跑，
我飞跑，
我飞跑，

我剥我的皮，
我食我的肉，
我嚼我的血，
我啮我的心肝，
我在我神经上飞跑，
我在我脊髓上飞跑，
我在我脑筋上飞跑。

我便是我呀！
我的我要爆了！

诗不算长，但调子之高、速度之快、力量之强、分量之重，都快要达到极致了。这是五四运动时期“狂飙突进”精神的一次近于疯狂的喊叫，但又是理智的、清醒的，称得上是一曲时代的号角。

“天狗”是诗人匠心独运所捕捉到的比喻形象，它是可以与日、月、星球处于同一层面的宇宙中的一个独特形象，所以它才可能把一切都吞了。这种威力在节奏上一定要显示出来。而“我便是我了！”更是难得的对自我的清醒认识。千百年来，“我”从来都只是皇帝的臣民、父辈的孝子，却从未属于过自己，从未意识到自己的独立存在。这是当时“个性解放”的一声真正呐喊，一定要最高亢地呼喊出来。

第二段写“天狗”，即“我”的能量，这也是“我”本来从未认识到的。“我”倘若独立，就能从日、月、星球以至整个宇宙中摄取能量，从而驾驭整个宇宙，成为宇宙真正的主人。这一段要由缓转急，由轻转重。在全诗，它是一个过渡，缓下来、伏下来，而后再昂起来。

第三段最长也最快，几乎是一气呵成的。它表达了自我解剖、自我革新、自我改造的决心。所有的词语都是短促的，所有的动作都是急速的，所有的节奏都是“迅雷不及掩耳”的，都是几乎要失去控制的，这才是罕见的力量。

第四段是结尾，只有两句话。第一句前文已经出现过，这里就不需要再强调了，它的作用在于衬托第二句，尤其是“爆”字。“爆”不是简单的、通常的“爆破、爆炸”，而是“我”几乎等同于全宇宙能量的释放，这是何等的威力，何等的影响！朗读时，要声震苍穹、回声不息、久久弥漫……《天狗》四段诗歌的起承转合，使节奏变得力大无比，震耳摄魂。

再来欣赏一首《我的自白书》，作者是陈然烈士：

任脚下响着沉重的铁镣，
任你把皮鞭举得高高，
我不需要什么“自白”，
哪怕胸口对着带血的刺刀！
人，不能低下高贵的头，
只有怕死鬼才乞求“自由”；

毒刑拷打算得了什么？
死亡也无法叫我开口！
对着死亡我放声大笑，
魔鬼的宫殿在笑声中动摇；
这就是我——一个共产党员的“自白”，
高唱凯歌埋葬蒋家王朝！

诗很短，只有三节，也没有什么豪言壮语。但正因为这是诗人发自肺腑的表白，对敌人是那样蔑视，对自己是那样自信，对革命必胜的前景是那样坚定，因此伴着让敌人胆寒的“放声大笑”，这首气壮山河的诗篇表达了所有共产党员的心声，成了全体革命志士的骄傲。可见，高亢的作品都是有具体内容的，节奏要从作品的不同对象和不同层次中摄取要素和设计节奏，于变化中求得主旋律。

第二节

从态度感情到基调

一、态度

（一）态度感情来自作者

叶圣陶老先生曾指出：“有很多地区，小学里读语文课本还是一字一拍的，这根本不成语言了。中学里也往往不注意读，随口念一遍，就算是读了，发音不讲究，语调不揣摩，更不要说表出逻辑关系，传出神情意态了。”这里，叶老把“传出神情意态”作为朗读的目的，而“神情意态”包括神态、情绪、意念和态势等，这都来自个人对人和事的看法，把这些看法在言行中表现出来，就成了态度。态度是理性的，是思想的反映，但人并不只有理性，人还有感性。思想、态度会触及、影响人的感觉器官和神经系统，使人产生感情。人们的思想是无形的，要表达、要交流，靠的是语言。语言是思想的物质外壳，是思想的直接实现。我们朗读作品，就是为了把思想表现出来。理性的思想又是与感性的感情结合在一起的，所以，总是把思想和感情放在一起说。由此可见，朗读作品就是表达作者蕴含在作品中的思想感情。字、词、句都只是思想感情的因素和局部，到了篇章，作品中的思想（态度）和感觉（感情）就要完整地表现出来了。

态度和感情是人（即作者）对（作品中涉及的）人、事、物的看法和感受（在作品中）的表现，如是非、曲直、好恶、爱憎、悲喜、褒贬等，不管是鲜明直接，还是模糊曲折，都不能回避。我们朗读、朗诵的重要任务就是要把作品中作者的态度感情找出来，并用口头语言作为载体表达出来。

有的作品，态度感情很鲜明，是爱是憎？或褒或贬？一目了然。例如柯岩的《周总理，你在哪里？》、王怀让的《我骄傲，我是中国人》，诗句中所显示的对我们的民族、对我们的事业、对我们的人民、对我们的领袖的热爱之情和崇敬之态，自始至终都贯穿其中。而闻一多先生的《最后一次讲演》、叶挺将军的《囚歌》对国民党反动派的控诉与指斥，表现了彻底的否定和无比强烈的憎恨。臧克家为纪念鲁迅先生逝世而写的《有的人》，既深情地肯定并歌颂了鲁迅先生这样的伟人，又有力地揭露和鞭挞了那些被钉在历史耻辱柱上的罪人。切不要以为这类作品易懂易读就可以不再下功夫研究，它们实际上鲜明有力，正是作者深入思索探求的结果，甚至是付出了生命代价的心灵结晶。朗诵时，一定要对作者的态度进行深入剖析、认真领会，作者既然是在“以自己的火点燃旁人的火”，那我们这些朗读者就一定要接受这火的洗礼，把自己心中的火也点燃起来，并去点燃那些听众。朗读这类作品，一定要对作者的态度进行深入剖析，对作者的感情去真切地体会、感受，而不是停留在表面，人云亦云或拿腔使调地“表演”，那是要愧对作者和听众的。

有的作品，作者的态度和感受表现得相对复杂或者朦胧，那就更需要深入思考以全面掌握，否则也会影响朗读的效果。让我们读一首大家都熟悉的唐诗，孟浩然的《春晓》：

春眠不觉晓，处处闻啼鸟。

夜来风雨声，花落知多少。

诗的前两句是喜春，后两句是惜春，那诗人的态度和感情究竟是喜还是惜呢？有人认为，惜也是一种喜，喜应是贯穿全诗的；也有人认为是先喜后惜，总的态度是惋惜的，但说不清楚。有人则站得更高、体会更深，指出“喜也罢，惜也罢，都在有意无意之间”。喜春和惜春之情，亦得亦失之患，此刻同时出现在“高卧初起”的一瞬间，从而带有率真、活泼、浓郁的生活情味，体现了盛唐人宽远自在的生活态度与情感。这样，喜、惜都不需要强化，对自然、对天机逍遥自在的领受才是最重要的，这样的理解与把握就胜人一筹了。再看舒婷的

《致橡树》：

我如果爱你——
绝不像攀援的凌霄花，
借你的高枝炫耀自己；
我如果爱你——
绝不学痴情的鸟儿，
为绿荫重复单调的歌曲；
也不止像泉源，
常年送来清凉的慰藉；
也不止像险峰，
增加你的高度，
衬托你的威仪。
甚至日光，
甚至春雨。
不，这些都还不够！
我必须是你近旁的一株木棉，
作为树的形象和你站在一起。
根，紧握在地下；
叶，相触在云里。
每一阵风过，
我们都互相致意，
但没有人，

听懂我们的言语。
你有你的铜枝铁干，
像刀，像剑，也像戟；
我有我红硕的花朵，
像沉重的叹息，
又像英勇的火炬。
我们分担寒潮、风雷、霹雳；
我们共享雾霭、流岚、虹霓。
仿佛永远分离，
却又终身相依。
这才是伟大的爱情，
坚贞就在这里：
爱——
不仅爱你伟岸的身躯，
也爱你坚持的位置，
足下的土地。

这首“朦胧诗”其实并不怎么朦胧，它的态度十分明确。但是倘若不能对诗中的意象，尤其是一些比拟的形象所包含的寓意比较准确与充分地理解和把握，作品的态度和感情很可能就成了朦胧的、模糊的。诗一开篇读到的“凌霄花”“鸟儿”“泉源”“险峰”“日光”“春雨”等意象，让人很有好感，忍不住要美化它们。但其实，在这个谈爱情的具体环境里，它们或是依附于另一方，以此达到物欲和虚荣的满足（如凌霄花、鸟儿）；或是牺牲自尊，沦为只为对方“奉献”的奴隶（如泉源、险峰）；况且，它们跟橡树根本不是一个类别，不可能真正结合在一起。对这些“畸形爱情”的象征，诗人明确地表态：“不，这些都还不够！”给予了否定。那么，诗人肯定的是什么形象呢？木棉——也就是“我”。木棉和橡树，首先都是树，能够站在一起，而且它们双方平等又保持着各自的尊严，有共同的追求，能同甘共苦。它们之间才是真正的爱情。通过畸形爱情与典型爱情的鲜明对比，诗人朴实而真挚地表达了自己的爱情观，深刻而有力度。不对诗中一系列模拟形象作具体分析，是体会不到诗人的态度与感情的。

剖析作者在作品中表现的态度和感情，必须对作品中出现的人物、事件、事物和环境进行具体分析，再综合起来提升到总的态度。有的作品人物众多、事件纷繁、环境复杂，就更需要分析得具体、细腻。

让我们来看殷夫的作品《别了，哥哥》：

别了，我最亲爱的哥哥，
你的来函促成了我的决心，
恨的是不能握一握最后的手，
再独立地向前途踏进。

二十年来手足的爱和怜，

二十年来的保护和抚养，
请在这最后的一滴泪水里，
收回吧，作为恶梦一场。

你诚意的教导使我感激，
你牺牲的培植使我钦佩，
但这不能留住我不向你告别，
我不能不向别方转变。

在你的一方，哟，哥哥，
有的是，安逸，功业和名号，
是治者们荣赏的爵禄，
或是薄纸糊成的高帽。

只要我，答应一声说，
“我进去听指示的圈套”，
我很容易能够获得一切，
从名号直至纸帽。

但你的弟弟现在饥渴，
饥渴着的是永久的真理，
不要荣誉，不要功建，

只望向真理的王国进礼。

因此机械的悲鸣扰了他的美梦，
因此劳苦群众的呼号震动心灵，
因此他尽日尽夜地忧愁，
想做个 Prometheus[①]偷给人间以光明。

真理和愤怒使他强硬，
他再不怕天帝的咆哮，
他要牺牲去他的生命，
更不要那纸糊的高帽。

这，就是你弟弟的前途，
这前途满站着危崖荆棘，
又有的是黑的死，和白的骨，
又有的是砭人肌筋的冰雹风雪。

但他决心要踏上前去，
真理的伟光在地平线下闪照，
死的恐怖都辟易远退，

① 即普罗米修斯，希腊神话中的巨人，因盗窃神火给人类，为天神宙斯锁系在高加索山上。

热的心火会把冰雪溶消。

别了，哥哥，别了，
此后各走前途，
再见的机会是在，
当我们和你隶属着的阶级交了战火。

要明白这首诗的态度，首先要明白诗人对其哥哥的态度与感情。他对哥哥当然是否定的、批判的，并坚定地与他割席。然而，在前三段里，诗人还是谈到了手足之情，甚至表达了对哥哥多年教导与培植的感激之情。这样的情与理不是很矛盾吗？或者至少是表现出的对敌斗争立场不够坚定吧？不，这样分析就机械了，肤浅了。革命是复杂的，哥哥虽在反革命阵营，是与自己势不两立的敌人，但他毕竟是自己的兄长，而且之前还对自己有过帮助。当然，在真理的天平上，这点个人恩怨与革命的敌我得失，其分量不值一提。况且，哥哥也正是利用这一点，至今还在拖他奔向革命的后腿。倘不把这一态度和感情——过去曾受的手足之恩与如今敌我对立的阶级立场鲜明地区分清楚并表达出来，那倒确实会影响自己的革命坚定性。因此，他接下来用诗句据理力争、情真意切地解释自己渴求真理、为劳苦大众的解放宁愿献出生命的伟大抱负与崇高理想，并表达了从此与哥哥分道扬镳的决心。正是由于他坦然对待这一切，毫无遮掩，毫不犹豫，诗作便分外感人。可见，要剖析对哥哥的态度，更重要的还是先剖析主人公（即诗人自己）的态度，这一态度对人们的教育作用是十分深刻的。

有些作品是以记事为主的，态度的分析有时会较复杂，如李白的《月下独酌四首（其一）》：

花间一壶酒，独酌无相亲。
举杯邀明月，对影成三人。
月既不解饮，影徒随我身。
暂伴月将影，行乐须及春。
我歌月徘徊，我舞影零乱。
醒时相交欢，醉后各分散。
永结无情游，相期邈云汉。

春日花间饮酒，那是多么逍遥得意之事，然而“独酌无相亲”也是够寂寞无趣的了。明月之下，诗人突发奇想，邀月共饮，再加上月在杯中的影子，不就凑满三人了吗？于是，三人且饮且歌且舞，尽管诗人自己也知道“月不解饮”“影随我身”，但及时行乐也顾不得这些了。不仅如此，诗人还希望与他们永结友情，直至来日登上天堂。诗写得很热闹，充分反映了李白“苦中作乐”的浪漫主义情怀。但细想，诗人还是无比凄凉的，因为所有的热闹都是虚幻的想象，只有孤独才是真实的。

最后几句“永结友情”的设想，有人说表现了诗人对未来的美好向往。其实，换一个角度不正说明了诗人已意识到，即使到了上天仙境，也只有月、影之类做伴，孤凄看来是难以摆脱了。纵观全诗，固然起伏跌宕，体现了诗人向往美好情景的可贵态度。但是说到底，贯穿的态度仍是孤凄和悲凉。这类矛盾和复杂的态度和感情，在李白的作品中多有所见，如《独坐敬亭山》《将进酒》等。朗读时，都要看到其复杂性。

有些诗是写物的，物是诗人表态和抒情的对象，如艾青的名篇《我爱这土地》。对土地的热爱是这首诗的核心，这是毫无疑问的。但是爱什么？怎么爱？尽管这首诗篇幅不长，但蕴含的感情还是很深的。让我们来看看：

假如我是一只鸟，
我也应该用嘶哑的喉咙歌唱：
这被暴风雨所打击着的土地，
这永远汹涌着我们的悲愤的河流，
这无止息地吹刮着的激怒的风，
和那来自林间的无比温柔的黎明……
——然后我死了，
连羽毛也腐烂在土地里面。

为什么我的眼里常含泪水？
因为我对这土地爱得深沉……

生养我们的中华大地是多灾多难的。暴风雨打击着它，河流里汹涌着悲愤，连刮着的风都是激怒的……但是，这土地又是有前途的，黎明会从林间到来，带给我们温柔。总之，这片土地的昨日、今天和未来，都值得我们爱，值得我们歌唱，哪怕只有嘶哑的喉咙，甚至死了也要把羽毛献给它，腐烂成肥料……末句表白诗人的爱是“爱得深沉”，“深沉”是核心、是特色，把诗人爱的态度和感情传达得十分准确，不悲观无望，也不廉价空泛，而是切切实实、充满希望地为它献出一切。若能够把这一丰富的内心世界真诚地表述传达出来，必然是十分动人的。

（二）朗读者也应有自己的态度与感情

作品中的态度与感情，首先来自作者。但在朗读时，毕竟是通过朗读者的理解与消化、以朗读者的口语传达出来的，实际上听众直接触及的是朗读者的态度和感情。因此，如何把作者的态度和感情转换成朗读者自己的并做到不变形、不走样，是至关重要的。把诗人激愤昂扬的态度读得有气无力，把作者悲痛至极的感情读得平静冷漠，都属朗读的失败，都是不忠实于原作的表现。朗读首先要忠实于原作，朗读者的态度要与作者的态度和感情一致、相近，要如实地把原作中的态度与感情表现出来。这是最基本的要求，也是每位朗读者都应追求的目标。

但是，朗读者毕竟不是作者，他们之间有着时代、经历、思想感情和立场态度的不同，有时甚至会相差甚远。那怎么办呢？首先，倘若作者作品的观点、态度与感情与你格格不入，就不要选择它。朗读者要朗读的作品，是朗读者肯定并认可作者的基本观点、态度与感情后作出的选择，即使有时会存在一定的差异，但只要求同存异即可。在朗读时，要强调并突出二者共同的一面（即作品主导的一面），而要淡化并弱化二者不同的一面。

我们一起来看看这篇短小的寓言故事《手捧空花盆的孩子》：

很久以前，有位国王要挑选一个孩子做继承人。国王吩咐大臣给全国的每个孩子发一些花种，并宣布：谁能用这些种子培育出最美的花，谁就是他的继承人。

有个叫雄日的孩子，他十分用心地培育花种。十天过去了，一个月过去了，花盆里的种子却不见发芽。雄日又给种子施了些肥，浇了些水。他天天看啊，看啊，种子就是不发芽。

国王规定的日子到了。许许多多的孩子捧着盛开着鲜花的花盆拥上街头。国王从孩子们的面前走过，看着一盆盆鲜花，脸上没有一丝高兴的表情。突然，国王看见了手捧空花盆的雄日。他停下来问："你怎么捧着空花盆呢？"雄日把花种不发芽的经过告诉了国王。国王听了，高兴地拉着他的手，说："你就是我的继承人！"

孩子们问国王："为什么您让他做继承人呢？

国王说："我发给你们的花种都是煮熟了的，这样的种子能培育出美丽的鲜花吗？"

这个故事主要是想说明一个道理：只有诚实才是可取的，才能继承事业。故事中有两个主要人物，一个是诚实的孩子雄日，一个是国王。整个事件，从布置种花到审查成果，直到选择雄日做继承人，都是国王亲自安排。那么，他是主人公吗？应当突出他吗？有些人甚至会想：国王不是统治者吗？会这么公正吗？雄日最后成了继承人，这是否会鼓励人们向上攀升，扭曲了诚实的动机？……其实，这些想法都是想太多，完全没有必要。重要的是故事，国王会做这件事，只是因为他有权力，如果是其他手中有一定奖惩权力的人，如老师、家长等，也都可以。因此，这里应当淡化人物而突出事件，能把这件事的来龙去脉交代清楚，有声有色地把雄日和众多说谎的孩子进行对比，从而显示雄日的诚实，那作品的意义与作者的态度也就能表现出来了。

再来看蒲风写的一首《扑灯蛾》：

能能的火焰在燃烧，
无数的扑灯蛾齐向火焰中扑跳；
——先先后后，
没有一个要想退走！

哦！你渺小的扑灯蛾哟！

难道你不知道这烈火会把你烧？
难道你不曾看见
许许多多的同伴已在火中烧焦？

为着坚持自己的目标奋斗到底，
——不怕死！
为着不忍苟全一己的生命，
——不怕死！
扑灯蛾！扑灯蛾！
是否你们因此而继续
不断地投在火焰里？

熊熊的火焰在燃烧，
无数的扑灯蛾已在火中烧焦！
先先后后，没有一个要想退走！
啊啊！它们没有一个要想退走！

诗作在歌颂扑灯蛾，歌颂这个群体“无一个怕死”的献身精神。也许有人会反问：这些小家伙也太傻了吧？它们有什么崇高目的吗？这不是白白找死吗？……倘若这样思考，就无法理解艺术作品了。诗人选择扑灯蛾作为歌颂对象，而且用的是比拟手法，只是在强调它们的一个特色——不怕死。朗读时，只需取其一点，其余的就无须展开联想了。诗人的态度鲜明，朗读者也应像作者一样理解与把握作品，否则，反而容易把主题冲淡，弱化作品。

当然，有时因为时代的变化与环境的不同，在不影响主题表达的前提下，也可以对作品进行适当调整，如陶行知先生曾写过的一首短诗《我是中国人》：

我是中国人，我爱中华国。

中国现在不得了，将来一定了不得！

陶先生的爱国之情溢于言表，尤其是“不得了”与“了不得”的活用，把当时国民党反动统治下国家的暗无天日、乱得“不得了”的现状以及将来革命胜利、国家复兴，屹立于世界民族之林的“了不得”的美好前景，高度概括地表述了出来，给人们极大的鼓舞力量。

然而，如今朗读这首短诗，又会增添新的体会。旧社会早已过去，中华人民共和国也傲然屹立多年，该怎么理解与表达这首诗的内涵呢？笔者曾在朗读时作过如下处理：把诗读两遍。第一遍是旧社会，意思如上所述；再读第二遍，即指新社会。现如今，中国革命胜利已经“不得了”；但革命永无止境，还要实现中国梦，更加“了不得”。这样，延伸了作品的时间，对作者的态度和感情也进行了补充和深化，取得了较好的效果。当然，这只是尝试。

总之，朗读是二次创作。它表现在态度上，一定要有自己的理解、深化和创新，要赋予作品自己的个性，否则，便是照本宣科，反而会辜负作者的初衷。

（三）抓住重点和难点

要理解较复杂的作品的态度和感情，需要抓住重点和难点。重点是作品中最重要的内容，是作者最想突出、最想强调的内容。抓住了它，纲举目张、纷繁杂乱的一切就会被提领起来，主题也得以鲜明呈现，态度和感情也明朗清晰了。

让我们读一下闻一多的诗作《一句话》：

有一句话说出就是祸，
有一句话能点得着火。
别看五千年没有说破，
你猜得透火山的缄默？
说不定是突然着了魔，
突然青天里一个霹雳
爆一声：
“咱们的中国！”

这话教我今天怎么说？
你不信铁树开花也可，
那么有一句话你听着：
等火山忍不住了缄默，

不要发抖，伸舌头，顿脚，
等到青天里一个霹雳
爆一声：
“咱们的中国！”

作品的重点自然是标题里已呈现的那“一句话”，什么话呢？诗人一上来没直说，倒是设置了很多悬念，指出了它的意义和价值——说出来是“祸”，能点得着火，五千年都没说破，如今可能要像晴天霹雳一般从火山口喷发出来，爆一声“咱们的中国！”为什么“中国”前面加了“咱们的”三个字，就变得这么有力量呢？因为“咱们”就是人民大众。拥有五千年历史的中国“于无声处听惊雷”，一旦人民大众起来推翻反动统治，乾坤扭转，改天换地，建立自己的国家，将是怎样一个局面啊？怪不得反动派把它当成灭顶大祸，怪不得它能点得着人民大众的反抗怒火，它已在火山里酝酿了五千年，如今该是爆破喷发的时候了！

把第一段末尾亮出的答案与前面设置的悬念一一对照，这“一句话”的革命内涵、历史意义和现实价值昭然若揭。第二段是诗人向反动派宣告：不管你们怎么“发抖”“伸舌头”“顿脚”，这句话总会催促着你们末日的到来，这是历史的判决，是无法改变的。全诗充满了推翻旧世界、迎来新天地的力量和信心。写诗时，闻先生刚从美国留学归来，爱国主义洋溢诗中，已彰显他作为一位民主斗士的高大形象。我们要从这样的高度着眼，抓住这“一句话”的内涵，才能理解并表达出诗人鲜明、火热的态度和感情。

作品的重点往往还同难点结合在一起。越是作者着重表述、宣泄、抒发的内容，越是经过深入思考、反复推敲的，因此，这样的作品具有相当的难度，要认真剖析、体会才能掌握。

巴金小说《家》中“鸣凤之死”的片段是不少人喜欢朗诵的，特别是鸣凤跳湖前的两大段心理描写，十分感人。这是作品的重点，也是作品的难点。一般人朗诵时，只把态度停留在同情、怜悯上，为这位美丽少女的悲惨命运洒下一行热泪，这当然是正确的，但还不够。在第一段心理描述中，这位即将离开这个世界、没有“明天”的少女表达了对生活的留恋，但是想到明天要遭到玷污，仍然决心跳湖以留得一个“清白的身子”。这是何等纯洁的灵魂啊！然而，就在要跳进湖水里去的那一刻，“忽然她又站住了”，她舍不得心上人觉慧，“她太爱他了”。那还不赶快去找他？何况觉慧唤她的声音刚从耳边飘过，她完全可以叫住他，一起去寻找摆脱厄运的办法。可是，她没有这样做，因为她明白了：

他是不能够到她这里来的。永远有一堵墙隔开他们两个人，他是属于另一个环境的。他有他的前途，他有他的事业。她不能够拉住他，她不能够妨碍他，她不能够把他永远拉在她的身边。她应该放弃他。他的存在比她的更重要。她不能让他牺牲他的一切来救

她。她应该去了，在他的生活里她应该永久地去了。

在这样的想法下，她终于投身湖中，结束了那纯洁而崇高的生命。鸣凤心理描述的最后几句充分刻画了她为心上人献身的崇高思虑：他有他的前途和事业，她不能妨碍他，他应该放弃她。这是何等感人的牺牲精神，这是何等难能可贵的却痛苦的选择！这个并没有什么文化的、不满二十岁的少女有一颗金子般的心，她崇高的灵魂是何等美丽而又神圣。我们不仅要怜悯她，更要崇敬她，学习她，这才是展现作者笔力之所在。只有掌握了这一难点，作品的态度和感情才能真正显示出来。

有时候，作品的难度存在于语句中或语句间，只有把这些语句琢磨透了，作品中作者的态度才更容易把握。

仍以曾卓的《有赠》为例，作者经历了牢狱之苦与下放改造的磨难，终于回到家中与妻子相逢，他用诗句记下了这一情景，并将它赠予妻子。这些语句处处浸透着对妻子的感情，耐人寻味。如：

我远远地就看到你窗前的光亮，

它在招引我——我的生命的灯。

自己的生命曾在此燃烧过，当然远远地就能看到。何况里面还有光亮，自然更是在招引我，成了继续点燃我生命的温暖、明亮的灯。这都是因为你啊，是你的存在才使它亮着，才具有可贵的光和热。再如：

我眯着眼，因为不能习惯光亮，

也不能习惯你母亲般温存的眼睛。

两个“不习惯”：一是因为在黑暗中待得太久，对光亮已不习惯了；二是因为长期只能同凶悍冷漠相处，也不习惯妻子的眼睛了。因为，她的眼光中放射出的温存，是母亲般的爱，是已经久违了的爱啊！又如：

你愿这样握着我的手走向人生的长途吗？

你敢这样握着我的手穿过蔑视的人群吗？

一个“愿”，一个“敢”，两个多么震撼人心的问号啊！你我握手并肩，走向余下的生命之途，但你知道它的艰辛吗？漫长的道路固然艰苦，整个社会的人际关系将更加可怕，多少人会向我们投来蔑视的目光，你经受得了吗？你情愿吗？你敢承担吗？你有相应的思想准备吗？最后：

你的含泪微笑着的眼睛是一座炼狱，

你的晶莹的泪光焚冶着我的灵魂。

“炼狱”指人们经受磨炼的艰苦环境，妻子的眼睛怎么成了炼狱了？因为环境变了，考验也变了。妻子的眼睛、妻子的泪光、妻子的微笑都时时考验着我，能否继续奋斗，能否永远坚强。这一切，都在“焚冶着我的灵魂”，使我永不屈服，永不在美好的环境下丧失斗志，改变坚贞。

这些话语是说给妻子听的，也是说给自己听的，更是说给大家听的。他向人们宣告，他有一个一直在等待他的、平凡朴实而又伟大的女性。她对爱情的忠贞如此高尚和神圣，这刻骨铭心的爱将成为他的生命之灯，永远照耀着他的生命之路。对语句剖析得越透，对作品的态度和感情才会体会得越深。

（四）化复杂、朦胧为清晰

我们朗读、朗诵的作品，特别是文学作品，为了追求美学价值，有时会忌讳直白，追求含蓄、曲折与朦胧的风格。理解、把握并表达这类作品的态度和感情，会比较复杂，既要显现出这类作品的态度和感情，清晰、明白而不能模糊，更不能歪曲；又要保留它的艺术风格，不能失去相应的美感，变山重水复为一览无余，变含而不露为光天化日。那该怎么办呢？还是要从对语句和结构的剖析入手，多方面地揭示它的内涵。

我们已读过闻一多的《一句话》，下面我们再来读一篇冰心的同题诗作《一句话》：

那天湖上是漠漠的清阴，
湿烟盖住了泼辣的游鳞。
东风沉静地抚着我的肩头，
“且慢，你先别说出那一句话！”

那夜天上是密密的乱星，
树头栖隐着双宿的娇禽。
南风戏弄地挨着我的腮旁，
“完了，你竟说出那一句话！”

那夜湖上是凄恻的月明，
水面横飞着闪烁的秋萤。
西风温存地按着我的嘴唇，
“何必，你还思索那一句话！”

今天天上是呼呼的风沙，
风里哀唤着失伴的惊鸦。
北风严肃地擦着我的眼睛，
“晚了，你要收回那句话？”

如果说，对闻诗“一句话”的理解，重心要放在它的内涵上，用“咱们的中国”的理解作者鲜明的爱国主义革命情怀，那么，要理解冰心诗中这“一句话”的态度，则要另辟蹊径。因为，这首诗里的“一句话”，无非爱情生活中表达爱意的一句话，并不难懂，也无深意。诗人想引起读者注意的不是这句话本身，而是当事人对爱情曲折多变的含蓄微妙的态度。诗四段，经历了春夏秋冬四季，而当事人也经历了四次变化，即从控制、冲动、思索到追悔。这些态度并不是凭空而来的，都和环境、景物有关，而且同四个季节一一对应：天气是“轻阴”——“乱星”——“月明”——“风沙”的变化，陪伴者是“游鳞”——“娇禽”——“秋萤”——“惊鸦”的层出不穷，使当事人的情绪和心态不由得产生了相应变化。以夏季为例，之所以“竟说出那一句话”，与天上的“乱星”和“双宿”

的“娇禽”不无关系，热烈的环境，亲密的伴侣，使当事人激情难抑，终于冲动、爆发地说出了那句话。更耐人寻味的是，每次的决策和表态不仅自己不满意，而且，总好像有一阵风在“肩头”“腮旁”“嘴唇”“眼睛”周边小声嘀咕，或劝阻，或戏弄，或说服，或告诫，始终表示着不同的态度。其实，这些何尝不是一种幻觉，何尝不是自己心烦意乱的又一思虑？艰难的表态和伴随而来的逆向思维充分显示了爱情抉择的难度，陷入其中的当事人的情绪、心态变化又是何其丰富、微妙而充满了美感啊！要说态度和感情，就是被爱情探求过程中的复杂、细微、矛盾、多变所震惊、所感动，从而体会到爱情的复杂。要把这一态度表达出来，就要把重点放在每段最后四句话上，特别要形象地读出“且慢”“完了”“何必”“晚了”的不同语气。整首诗的复杂多样性也就这样呈现出来了。至于诗人在诗歌格律上的美学追求，则要在修辞等知识的指导下，精心而不匆忙、认真而不草率地展现出来，主题与态度的清晰与它是不会矛盾的。需要多说一句的是，这样的诗并不是很适合朗诵，它借助视觉的太多而借助听觉的太少。当然，如果在这方面能有所探索，使读者既能听得明白又有美的享受，那就更好了。

闻一多先生有一首代表作《死水》，是一首社会性很强的讽刺诗，理解起来有一定难度，让我们看看：

这是一沟绝望的死水，
清风吹不起半点漪沦。

不如多扔些破铜烂铁，
爽性泼你的剩菜残羹。

也许铜的要绿成翡翠，
铁罐上锈出几瓣桃花；
再让油腻织一层罗绮，
霉菌给他蒸出些云霞。

让死水酵成一沟绿酒，
漂满了珍珠似的白沫；
小珠们笑声变成大珠，
又被偷酒的花蚊咬破。

那么一沟绝望的死水，
也就夸得上几分鲜明。
如果青蛙耐不住寂寞，
又算死水叫出了歌声。

这是一沟绝望的死水，
这里断不是美的所在，
不如让给丑恶来开垦，
看它造出个什么世界。

作为讽刺，诗句最辛辣、最独特之处在当中三段。诗人用正话反说的方法通过联想和夸张，“爽性”把死水中一堆丑恶的东西“美化”一番，如“破铜烂铁”成了“翡翠”“桃花”，“剩菜残羹”泛出了“罗绮”“云霞”；“死水”发酵成“绿酒”，漂在上面的珍珠似的白沫还会发声，伴着蛙鸣，“死水”似乎在歌唱……写得真是有声有色。然而，一旦看透了它的实质，真是令人作呕。这种“化腐朽为神奇”的写法，同鲁迅先生所讽刺的某些人把皮肤红肿和溃烂说成“艳如桃李”“美如奶酪”大有异曲同工之妙。这种对黑暗腐朽的社会现实的批判和讽刺是何等的尖锐、彻底。这一点，在诗的头尾部分，诗人早就作出了响亮的宣判：这沟死水是“绝望”的，没有前途的，除了彻底铲除，没有任何办法。这也充分反映了诗人的战斗精神。至于有人提问这死水是否单指旧社会？或认为“死水”并不单指社会……其实人们的思想状况也在它的讽刺范围之内。但这些想法并不影响诗作对黑暗腐朽事物的批判。由于时代的进步、认识的深入，对这首诗所包含的意义有所扩大和提升是完全可能的，但基本态度是不会改变的。

20世纪70年代末80年代初，诗坛上流行“朦胧诗”热潮，其中一些诗有一定的价值和特色。要朗读它们，如何理解它们，如何探求它们的态度，都是不可回避的问题。让我们看看梁小斌的《中国，我的钥匙丢了》：

那是十多年前，

我沿着红色大街疯狂地奔跑，
我跑到了郊外的荒野上欢叫，
后来，
我的钥匙丢了。

心灵，苦难的心灵，
不愿再流浪了，
我想回家
打开抽屉、翻一翻我儿童时代的画片，
还看一看那夹在书页里的
翠绿的三叶草。

而且，
我还想打开书橱，
取出一本《海涅歌谣》，
我要去约会，
我向她举起这本书，
作为我向蓝天发出的
爱情的信号。

这一切，
这美好的一切都无法办到，

中国，我的钥匙丢了。

天，又开始下雨，
我的钥匙啊，
你躺在哪里？
我想风雨腐蚀了你，
你已经锈迹斑斑了；
不，我不那样认为，
我要顽强地寻找，
希望能把你重新找到。

太阳啊，
你看见了我的钥匙了吗？
愿你的光芒，
为它热烈地照耀。

我在这广大的田野上行走，
我沿着心灵的足迹寻找，
那一切丢失了的，
我都在认真思考。

这是一首反思的诗，有回忆、有思考、有感悟。作为朦胧诗，要想它的象征性很强。要想突破朦胧见真意，“钥匙”和“红色大街”两个象征物是关键。“钥匙”是诗作的核心意象，象征着能打开心灵大门，给人送来智慧和真理的精神道德准则。然而，在那动荡的“红色大街”上，一系列“疯狂”的行为使他弄丢了这把钥匙，从而失去了正常生活的依据和准绳。随着岁月的流逝和青春的不再，他醒悟了，想“回家”了。那些有关当年美好生活的回忆、对于文化和爱情的向往与追求，更使他体会到“钥匙丢失”的严重性，“钥匙”是找不回来了，“美好的一切都无法办到”。他是有决心、有信心的，他开始寻找“钥匙”，为寻找“一切丢失了的”事物而努力。这是一段艰苦的路程，但他表达了“一定找回来”的愿望。痛悔与反思交织，失落与希冀并存，诗人的心绪是深沉的也是凝重的，发自内心深处的态度和感情是明确而坚定的，使得诗作具有深刻的哲理性。

二、基调

（一）把态度和感情综合成基调

从朗读的内容来看，态度和感情应该是文本的根基与核心，是作者所要表达的主体与精华所在。而从朗读的表现来看，这两者又是再创作的母本和依据，失去了对它们的理解、把握与传达，朗读不可能到位。

但是，单看文本，态度和感情的表达毕竟都是作用于视觉的；如今要朗读了，要让广大听众接受就要转化为口头语言。那么用口语表达态度和感情，主要通过什么方式和技巧呢？基调。正如再现作品结构时，我们掌握了节奏，文本的结构状态就活了，故而就能在声音的运动中再现。从这一点说，我们在朗读中必须把态度和感情综合成基调，基调是态度和感情的语音体现，掌握好基调，态度和感情的生命就活跃在语音中了。

那么，基调跟语音到底有什么关系呢？口语不同于音乐，没有旋律这样的具体技巧可抓，但它并不抽象。作为一种基本的调子，基调标志着语音内涵的构成和变化，仍然和抑扬顿挫、轻重缓急这类技巧有关。之前讲字、词、句都涉及这些技巧，我们现在讲篇章，对综合性与整体性的要求就更强了，对语音的要求也就更高了，更要涉及它们。讲节奏时，我们借鉴前人的成果介绍了六种类型，对作品节奏作了分类。那么，对于基调，是否也可以进行归类呢？我想是可以的。

其实态度和感情本身就有很多类别。比如态度，从分寸上讲千差万别，有肯定和否定、严肃和亲切、祈求和命令、客观和直露、坚定和犹豫等。张颂老师以拥护、反对、赞扬、批判为标准，把态度归并成以上五类，大体上包含了态度的主要内容。再如感情，以爱憎、悲喜、惧欲、怒疑等为标准，张颂老师也划分出挚爱和憎恨、悲哀和喜悦、惊惧和欲求、焦急和冷漠、愤怒和疑惑等五类。这种划分的优点之一在于，它指出了每种类型的两头极点，肯定和否定是态度判断的两极；挚爱和憎恨是情绪感受的两极。这样，在口语表达中，高低、大小、轻重、快慢等方面的把握就有了依据和切入口。

笔者尝试着把基调分成四类：高强类、低婉类、中适类、波动类。基调同节奏的类比划分相近，但侧重点不同。节奏注重语速的缓急和音量的大小，基调则偏重音调的高低和力度的轻重。当然四大基本技能始终是共同起作用的，难以分割。

下面就讲一讲不同类型基调的掌握。

1. 高强类

这类作品有着高强度的调子，在态度上或肯定或否定，在感情上或热爱或憎恨，都达到或接近极点，以表达鲜明的思想感情。这样，作品朗读时，语音是高的、力度是强的、音量是大的、语速是快的，总之是高调的。

不妨从“肯定、热爱”与“否定、憎恨”这两极来举例。例如《我骄傲，我是中国人》这类作品高亢明亮，毫不犹豫和掩饰，在大庭广众之下彻底地袒露了自己的内心世界。这种歌颂赞扬的基调是最有鼓动力和召唤力的。又如《天狗》是象征性的作品，诗中的意象如“天狗”“日月星辰”等都是比喻性的，而认识与判断的新奇、情绪的激动与振奋都是极为罕见的。那就更应该在高调的基础上再予以极度的夸张，几近于“疯狂”咆哮，让人振聋发聩，为“个性解放”、“狂飙突进”的“五四”精神喊出高昂的最强音，语音的方方面面都应达到极致。“否定与憎恨”可以闻一多《最后一次讲演》为例，高调中充满了感天动地的正气，力冲霄汉。内中还融入了一份沉痛和执着，不一定一直在高喊，有时也会下降，是完全以生命为代价发出的最强音。他面对的广大听众是善良正直的老百姓，因此对他们充满了信任和爱护；但听众中也有特务，因此当他直面特务之类的敌人时，无所顾忌地谴责与警告，更是置死生于不顾。这样的基调，真是得投入全身心。

朗读者倘若不以全身心投入作品的朗读，是很难再现、也很难取得效果的。这类爱憎表现到极点的，还有不少革命烈士的作品，如叶挺的《囚歌》和陈然的《我的自白书》。从基调来看两首诗作都是高强的，但由于作者年龄、身份与经历的不同，表现出来的语音也会有所差异。比如，叶挺的声音就会相对沉稳些，思索更多些，充满了对敌人的蔑视；陈然的声音则更充满青春的张力，“放声大笑”中焕发出对信仰充满必胜信心的豪气。再如臧克家《有的人》，每一段都同时在歌颂与批判、赞扬和揭露，都是充分思索并竭尽全力的，但语音形式却不能声嘶力竭，而要把注意力放在鲜明的对比上，对比的成功将会充分显示作者严明的态度和爱憎的鲜明。

正如张颂老师所提出的，态度的分寸和感情的类别都是纷繁复杂、多种多样的，高强的基调固然以爱赠与褒贬类的作品为主，但也有不少作品不一定涉及这两极，却也表达了内心的最强音，如悲伤与哀痛、指示与号召、引导与提倡，只要是明确的、强烈的、与接受对象（听众、读者）的互动是毫无保留的、坦诚的，都可以归到高强类。前文提到过的《哭亡女苏菲》，诗人高兰在诗中所表达的无比悲伤哀痛之情达到了极致，请看下面这些语句：

告诉我！孩子！
在那个世界里，
你是否还是把手指头放在口里，
呆望着别人的孩子吃着花生米？
望着别人的花衣服，
你忧郁地低下头去？

我知道你的灵魂漂泊无依，
漫漫的长夜呀！你都在哪里？
回来吧！苏菲！我的孩子！
我每夜都在梦中等你。
唉！纵山路崎岖你不堪跋涉，
但我的胸怀终会温暖，
你那冰冷的小身躯！

对女儿生前典型细节的真切回忆，与此刻充满父爱的大胆设想，真是披肝沥胆，痛人心扉。朗读时，语音不一定高强，但内心深处无比悲痛的感情宣泄，应该说也已到了极致。

有的作品指示人们把自己的感悟与听众交流，那种强烈的情绪和急切的态度，也应当划到这一类。例如陈元喜的《让我们一起向前》，在前一部分从充满特色的假设中得出了“返回是没有出路”的结论后，指示、号召人们：

所以我们不想返回，
我们成群结队，
从陆家嘴向前，
就是海的深；
坐超速电梯向上，
就是山的高。

兄弟从工地向前，
就是母亲的微笑；
妹妹从玉兰花向前；
就是甜甜的爱情。

我从阳光向前，
就是诗歌；
我们一起唱着歌向前，
就是康庄大道。

多么贴心的交流，多么有力的召唤！以外发自内心的激情，号召人们投入改革开放的大潮，也是一种最强的基调。

柯健军写的给孩子的诗《认识一个字》里，大胆地设想全中国乃至全世界的孩子，在上学的第一天的第一堂课学的第一个字就是“爱”字，由此展开了对“爱父母”“爱老师”“爱同学”“爱自己”“爱家乡”“爱北京”“爱我们亲爱的祖国”，乃至是“爱世界”“爱和平”的热情提倡与号召。别看这首诗像儿歌，但它对孩子们有着巨大的感染力与号召力。应当把它视为时代的强音，用我们的朗读传达出它的基调，让它发挥应有的作用。

2. 低婉类

人的思想感情是复杂的。在文学作品中，经过艺术加工之后，就更复杂了，而且由于环境、条件与对象的关系，口语表达的基调更会千变万化。明明是高调的却只能以低调朗读出，这些例子是常见的。因此，低婉类成了基调的一种类型。

以鲁迅先生《为了忘却的纪念》为例，对柔石等烈士的牺牲，对国民党反动派灭绝人性的暴行，先生的爱憎当然是极度鲜明的。但在当时高压政策的钳制下，他只能用下面这样的语言来表达：

> 我沉重地感到我失掉了很好的朋友，中国失掉了很好的青年……

文中之所以要反复说这句话，是因为在当时“禁锢得比罐头还严密”的中国，只能用这样含蓄委婉的声音来曲折地表达自己的心事，但有些话，如：

> 但我知道，即使不是我，将来总会有记起他们、

再说他们的时候的。……

调子是低的，感情是真的，给人们的启示和鼓舞是不可低估的。鲁迅先生的不少作品都是这类低回委婉型的。

前面谈到《家》里的鸣凤、《有赠》中的夫妇，两个作品描写刻画的都不是高大的形象，所用语言也不是“掷地有声”类的。一个不满二十岁的少女能为心上人做出如此牺牲，难道不崇高吗？一个平凡的妻子在那样的环境中等待着遭受厄运的丈夫，并经受着不知何时才休止的考验，这样的灵魂难道不伟大吗？但表达都应是低调的，唯其如此，才是真实的，才是感人的。再以《小河》为例，作者并没有浓墨重彩地刻画为救自己而献出生命的母亲的形象，而是一次次渲染小河流淌着的宝贵记忆和内中所饱含着的最深厚的母爱，这样地低调处理更深挚、更细腻，更能反映作者刻骨铭心的感恩之情。

对一些反面消极的人物和事件，态度和感情也没必要一律给予大力批判和强烈的谴责。有时，嬉笑怒骂的嘲讽和调侃反而体现了批判的力量，如鲁迅先生写的旧体诗《南京民谣》：

大家去谒灵，强盗装正经。

静默十分钟，各自想拳经。

这是一首政治讽刺诗，写国民党的一些达官贵人去中山陵谒灵，以表现自己是中山先生的信徒。他们一本正经，别人静默三分钟，他们却要十分钟。十分钟里做些什么呢？无非是“想拳经”。钩心斗角，争权夺利，那一副装腔作势的假惺惺的丑态，真不愧是“强盗装正经”。这里讽刺得辛辣、尖刻，使读者、听众在笑声中获得了教益，使被讽刺的敌人狼狈不堪，无法招架，真是大快人心。

胡适的《差不多先生传》大家都熟悉，我们来看看：

你知道中国最有名的人是谁？

提起此人，人人皆晓，处处闻名。他姓差，名不多，是各省各县各村人氏。你一定见过他，一定听过别人谈起他。差不多先生的名字天天挂在大家的口头，因为他是中国全国人的代表。

差不多先生的相貌和你和我都差不多。他有一双眼睛，但看的不很清楚；有两只耳朵，但听得不很分明；有鼻子和嘴，但他对于气味和口味都不很讲究。他的脑子也不小，但他的记性却不很精明，他的思想也不很细密。

他常说：“凡事只要差不多，就好了。何必太精明呢？”

他小的时候，他妈叫他去买红糖，他买了白糖回来。他妈骂他，他摇摇头说：“红糖白糖不是差不多吗？”

他在学堂的时候，先生问他：“直隶省的西边是哪一省？”他说是陕西。先生说：“错了。是山西，不是陕西。”他说：“陕西同山西，不是差不多吗？”

后来他在一个钱铺里做伙计；他也会写，也会算，只是总不会精细。十字常常写成千字，千字常常写成十字。掌柜的生气了，常常骂他。他只是笑嘻嘻地赔礼道：“千字比十字只多一小撇，不是差不多吗？”

有一天，他为了一件要紧的事，要搭火车到上海去。他从从容容地走到火车站，迟了两分钟，火车已开走了。他白瞪着眼，望着远远的火车上的煤烟，摇摇头道：“只好明天再走了，今天走同明天走，也还差不多。可是火车公司未免太认真了。八点三十分开，同八点三十二分开，不是差不多吗？”他一面说，一面慢慢地走回家，心里总不明白为什么火车不肯等他两分钟。

有一天，他忽然得了急病，赶快叫家人去请东街的汪医生。那家人急急忙忙地跑去，一时寻不着东街的汪大夫，却把西街牛医王大夫请来了。差不多先生病在床上，知道寻错了人；但病急了，身上痛苦，心里焦急，等不得了，心里想道：“好在王大夫同汪大夫也差不多，让他试试看罢。”于是这位牛医王大夫走近床前，用医牛的法子给差不多先生治病。不上一点钟，差不多先生就一命呜呼了。差不多先生差不多要死的时候，一口气断断续续地说道：“活人同死人也差……差……差不多……凡事只要……差……差……不多……就……好了……何……何……必……太……

太认真呢？”他说完了这句话，方才绝气了。

他死后，大家都称赞差不多先生样样事情看得破，想得通；大家都说他一生不肯认真，不肯算账，不肯计较，真是一位有德行的人。于是大家给他取个死后的法号，叫他做圆通大师。

他的名誉越传越远，越久越大。无数无数的人都学他的榜样。于是人人都成了一个差不多先生——然而中国从此就成为一个懒人国了。

这是一篇带有寓言性质的讽刺作品，作者通过这位虚构的“差不多先生”嘲讽了社会上一些办事马虎、敷衍塞责的人物。像说笑话一般，从小到大，把他的轶事一一道来，真是笑料不断。直到断气了，差不多先生也还没有省悟。倒是结尾的那句“中国从此就成了一个懒人国了”给大家敲响了警钟，具有警世醒人的作用。是啊，差不多先生算不得坏人，没必要大加挞伐。这种调侃式的谈论，说不定还能起到一定的作用，就如对阿Q那样的人物“哀其不幸，怒其不争”，是我们应掌握的基调。这或许才是真正的现实主义态度。

3. 中适类

人们都是具有是非态度和爱憎感情的，但生活里不一定对每个人、每件事都要有强烈的表态和深挚的抒情。在许多情况下，倒是以客观的态度和平常的情绪对待为多。当然，文学作品是经过提炼和浓缩的，尤其是以抒情为特点的诗歌，往往比较强烈或委婉。这也是朗读时，基调为高强类和低婉类较多的原因。但是基调中还有一种类型，我们称为“中适类”。中者，居中也，不走极端，自然处置，平常对待；适者，适当也，不偏不倚，恰到好处，行止得当。

以前文讲析过的《落花生》为例，这篇散文教育孩子们要学习“落花生”，长大做个对社会有用的人。但全篇自始至终都是在尝花生、谈家常，融乐快活的氛围中，父亲侃侃而谈，把做人的道理说得平易自然，孩子们也听得幸福愉快，这不就是美满的结局吗？可比耳提面命的呵斥训导的效果要好得多。不少讲道理的文本，用这样“中适类”的基调朗读是很恰当的，听者容易入脑入心。

有时在平易自然之中，还可以增添一些趣味，则更能引人入胜。邵燕祥的诗作《谜语》在这方面就很有特点，如：

有人有它，
有人没有它；
有它的人珍贵它爱护它，
真正的人不会离开它；
没有它的人说世上从来没有它，
却在市场上零整出卖它；

有人因它而流离颠沛，
但得到它的安慰；

有人曾因没有它而飞黄腾达，
但受到它的责骂；
它会化为道义的鞭挞，
它会化为历史的惩罚；
它又具体，它又抽象，
请你猜一猜，它是什么？
谜底：它就是良心！

诗的内容是在阐释“良心”，良心是做人的基本准则，但它看不见摸不着，怎么才能让读者实实在在地感受到呢？诗人巧妙地把它设计成一个谜语，从“有了它如何”“没有它怎样”，用一连串有趣的谜面去引导读者从它的意义和价值上思考，从而终于领悟这一谜底。诗人匠心独运，采用近乎游戏的方式与读者互动，完成了所要表达的主题。我曾现场欣赏过著名演员陈奇老师的表演，她预先坐在观众席里，主动提出“请大家猜谜”的要求，还准备了奖品。接着，就边走动边朗诵，直到“请你猜一猜，它是什么”时，大家积极参与，十分踊跃，提出了不少答案。接着，她登上舞台宣布“让我告诉你们谜底吧，它就是良心，良心就是它！”在轻松愉快的气氛里，她又流畅地朗读了一遍诗句。由于前面有了猜谜的活动，这一遍重温，大家感到分外亲切，便能更加心悦诚服地接受了。最后，陈老师还给最早回答正确的观众发了小奖品，结束了这首诗的朗读。这种寓教于乐的设计不是很成功吗？

4. 波动类

有一类作品涉及人和事较多，或者内容虽不多，但起伏变化大，作者的态度和感情好像始终平静不下来，基调也好像一直在波动。这类作品，在朗读时更要认真细致地分析，同中见异、异中求同，从波动中找到主线，让它贯穿作品的各方面和全过程，从而确定朗读的基调。

席慕蓉的诗《一棵开花的树》是写爱情的，篇幅不长，但从渴求到幻灭，过程出乎意料的变化多端。作品以“树”为象征，通过一次次的假设——“求佛”“化树”“开花”，包括精心选择“长在你必经的路旁”，直到“你走近”时叶的“颤抖”。这么多的细节，这么多的安排，也算得上是“煞费苦心”了吧？追求的执着，渴望的精心，真让人感到她已经痴迷了。读到这里，基调从“求”的痴迷和“等”的持久上寻找与确定，这深情是何等动人！然而，精心设置的一切换来的“最美丽的时刻”竟是彻底的幻灭，对方给予的竟是“无视地走过”。于是，一切都回归到零，“花瓣”也好，“心”也好，都凋零了。这么大的反差，这么大的打击，女主人公受得了吗？但她没有崩溃，也没有抱怨，甚至没有表达出悔意，只是坦承了自己的“凋零”，以后还会“爱”吗？以后还要追求吗？作品中没有写，大家去想象吧。但有一点可以确定，女主人公是一个有个性的人，她会依着自己独特的个性继续前行。这样，从深情痴迷到破灭，一根红线贯穿而来的实际是她的执着和坚贞。当然，还带一些悲凉，这或许才是诗作的基调。我们朗读时，要从它不断的波动中提炼出相应的美感，从而把握它的基调。

俄罗斯文学之父普希金的短诗《假如生活欺骗了你》是流传很广、深受大家喜爱的作品。这是诗人写在一位女友的纪念册上的哲理诗。不论诗人，还是这位女友，都被“生活欺骗了”，遭遇到了坎坷和厄运。因而，大家情绪里都是免不了有波动——今后怎么办呢？但诗人是镇静的，甚至是乐观的，他“憧憬着未来”，坚信“一切都会过去”“那愉快的日子即将来临”。诗人的规劝体现了一种积极的人生观，他对美好前途的向往和信心，表达得那么亲切和自信。著名演员秦怡朗诵这首诗时说：“切不可张扬，切不可以教训人的口吻。我总是采取亲切的语调，如同和朋友在一起，叙述自己的一种心情，表达一种看法，以求得到共鸣，我觉得越是亲切越能打动人，越能让人接受。”真是过来人的一番金玉良言。

（二）基调处理要抓住语言文字和表达方式

基调的体现是作品朗读的最后环节，与语言文字的字、词、句、篇以及叙述、描写、说明、议论和抒情五种表达方式有着不可分割的联系。也可以说，在思考，尤其是在设计处理和实施的过程中，朗读要时刻抓住这些环节和因素，把基调具体而确切地落实。否则，一旦抽象、架空，基调也就无从体现了。让我们以毛主席词《沁园春·雪》的下阕为例：

江山如此多娇，引无数英雄竞折腰。惜秦皇汉武，略输文采；唐宗宋祖，稍逊风骚。一代天骄，成吉思汗，只识弯弓射大雕。俱往矣，数风流人物，还看今朝。

我们在朗诵时应怎样紧扣作品的文字、语句以体现作品的基调呢？面对“如此多娇”的“北国风光”，毛主席登高望远，忆古思今。在这首词的下阕以我国历史上的五位帝王为对象，对影响历史的著名人物进行评价。在中国数千年封建社会历史中的三百多个帝王中，这五位算得上佼佼者，因此可在“英雄”之列。然而，由于阶级和历史条件的局限，他们仍是“武功尚可，文治太差”。毛主席的这一评价，使词中的一个“惜”字整整引领了其后六句，表达了对这些历史人物的惋惜之情。这就使我们在读到他们的名字时既要尊重和肯定，又不能赞颂和崇拜。在诵读时，“略输”“稍逊”是要强调的重音，而“文采”“风骚”既然是他们的弱项，就不应予以渲染夸大了。倘若处理时两者互换，那就背离了作品的本意。尤其是“一代天骄，成吉思汗，只识弯弓射大雕”一句，既不能夸大渲染成吉思汗的英武之气，也不能过分强调“只”字，把他说得一文不值。至于“俱往矣”的“往”是历史的必然，既不必恋恋不舍，也无须轻蔑对待；倒是“数风流人物，还看今朝”的“今朝”必须予以重点描绘，因为它洋溢着当今无产阶级先进人物的伟大抱负和雄心壮志，宣告了无产阶级必将成为历史主人的豪迈气派。这些情绪都落实在语句上，不作认真分析，不经深入体会，是难以把握其基调的。

字词之外，不同表达方式的掌握与处理，对基调的确定与落实也起着至关重要的作用。让我们再看看安徒生的著名童话《卖火柴的小女孩》。以情节起始部分为例，我们可以从不同表达方式的角度把文字区分开来，首先是作为主体的叙述，记述着人物与事件：天冷极了，下着雪，又快黑了。这是一年的最后一天——大年夜。在这又冷又黑的晚上，一个乖巧的小女孩儿，赤着脚在街上走着。她从家里出来的时候还穿着一双拖鞋，但是有什么用呢？那是一双很大的拖鞋——那么大，一向是她妈妈穿的。

故事的交代是清楚的，情节的线索是明白的，这就够了。但是，虽有这些，但还不够具体与生动。她是怎样的一个小姑娘呢？她在怎样的环境里活动呢？这就需要描写了：她又冷又饿，哆哆嗦嗦地向前走。雪花落在她的金黄的长头发上，那头发打成卷儿披在肩上，看上去很美丽。这些外貌、服饰和环境描写立即使画面活起来了，对小姑娘的同情心也具体起来了。

文本一开头有一句说明，接着还有几句话阐释：

> 这棵圣诞树，比她去年圣诞节透过富商家的玻璃门看到的还要大，还要美。翠绿的树枝上点着几千支明晃晃的蜡烛，许多幅美丽的彩色画片，跟挂在商店橱窗里的一个样，在向她眨眼睛。

说明的文字是必不可少的，有关圣诞节的描写起了鲜明的对比作用，小姑娘的遭遇更使人同情，她为什么不回家呢？以下的文字作了回答：

> 她不敢回家，因为她没卖掉一根火柴，没挣到一个钱，爸爸一定会打她的。再说，家里跟街上一样冷。他们头上只有个房顶，虽然最大的裂缝已经用草和破布堵住了，风还是可以灌进来。

这其实已经是议论了，分析探讨着小姑娘落此境遇的原因。最引人注意的是夹在许多话中间的这一句：可怜的小女孩儿！这是抒情，把对小姑娘的怜悯之心强烈地抒发了出来，道出了这部分文字的基调。

张颂老师曾说过：《卖火柴的小女孩》的基调是“亲切爱怜，压抑愤怒”。这一基调是通过多种表达方式共同完成的，把文字按不同表达方式拆开，看似有些支离破碎，但这样一来，各种表达方式的特点与任务就更加明确了。叙述的清晰、描写的形象、说明的强调、议论的思考以及抒情的情绪，分工合作，再汇成一个整体，各有所长，互不干扰，作品内容才更加丰富，节奏才有起伏变化，基调才能起到综合和提领的作用，作品才能立体地呈现出来。

（三）挖掘和提升

基调同主题有密切联系。如同主题一样，基调在寻求的过程中必须不断地挖掘和提升。有的作品表面上很热闹，甚至有些芜杂，吸引读者的地方也很多，可什么才是它真正的核心呢？必须向深处挖掘，从而找到真正的含义。有的作品涉及因素很多，多方面、多角度的因素错综交叉，怎样从中找到恰当的基调，把它们有机地串联起来、融为一体呢？必须提升，提升到一定的高度，才能登高望远，找到材料的内在联系，求得统率全篇的基调。

不妨读一读冯骥才的小说《刷子李》：

刷子李专干粉刷这一行。他要是给您刷好一间屋子，屋里什么都不用放，单坐着，就赛升天一般美。最让人叫绝的是，他刷时必穿一身黑，干完活，身上绝没有一个白点。别不信！他还给自己立下一个规矩，只要身上有白点，白刷不要钱。

这是传说。人信也不会全信。行外的没见过的不信，行内的生气愣说不信。

一年的一天，刷子李收个徒弟叫曹小三。当徒弟的开头都是端茶、点烟、跟在屁股后边提东西。曹小三当然早就听说过师傅那手绝活，一直半信半疑，这回非要亲眼瞧瞧。

那一天，头一次跟师傅出去干活，到镇南道给姓李的人家新造的楼房刷浆。到了那儿，刷子李跟管事的人一谈，才知道师傅派头十足。照他的规矩一天只刷一间屋子。这楼房有九间屋，得刷九天。干活前，他把随身带的一个四四方方的小包袱打开，果然一身黑衣黑裤，一双黑布鞋。穿上这身黑，就像跟地上一桶白浆较上了劲。

一间房子，一个屋顶四面墙，先刷屋顶后刷墙。屋顶尤其难刷，蘸了稀溜溜粉浆的板刷往上一举，谁能一滴不掉？一掉准掉在身上。可刷子李一举刷子，就像没有蘸浆。但刷子划过屋顶，立时匀匀实实一道白，白得透亮，白得清爽。有人说这蘸浆的手法有高招，有人说这调浆的配料有秘方。曹小三哪里看得出来？只见师傅的手臂悠然摆来，悠然摆去，如同伴着鼓点，和着琴音，每一摆刷，那长长的带浆的毛刷便在墙面"啪"地清脆一响，极是好听。啪啪声里，一道道浆，衔接得天衣无缝，刷过去的墙面，真好比平平整整打开一面雪白的屏障。曹小三最关心的还是刷子李身上到底有没有白点。

刷子李干活还有个规矩。每刷完一面墙，必得在凳子上坐一会儿，抽一袋烟，喝一碗茶，再刷下一面墙。此刻，曹小三借着给师傅倒水点烟的机会，拿目光仔细搜索刷子李的全身。每一面墙刷完，他搜索一遍。居然连一个芝麻大小的粉点也没发现。他真觉得这身黑色的衣服有种神圣不可侵犯的威严。

当刷子李刷完最后一面墙，坐下来，曹小三给他点烟时，竟然看见刷子李裤子上出现一个白点，黄豆大小。黑中白，比白中黑更扎眼。完了！师傅露馅了，他不是神仙，往日传说中那如山般的形象轰然倒去。但他怕师父难堪，不敢说，也不敢看，可忍不住还要扫一眼。

这时候，刷子李忽然朝他说话："小三，你看见我裤子上的白点了吧。你以为师傅的能耐有假，名气有诈，是吧。傻小子，你再仔细瞧瞧吧——"

说着，刷子李手指捏着裤子轻轻往上一提，那白点即刻没了，再一松手，白点又出现，奇了！他凑上脸用神再瞧，原来那白点原是一个小洞！刚才抽烟时不小心烧的。里边的白衬裤从小洞透出来，看上去就跟粉浆落上去的白点一模一样！

刷子李看着曹小三发怔发傻的模样，笑道："好好学本事吧！"

曹小三学徒的头一天，见到听到学到的，恐怕别人一辈子也不一定明白呢。

冯骥才先生是著名小说家，又是有影响的民间文艺研究专家。这篇小说虽不长，但人物、情节，尤其是语言，都继承了民间口头文学的传统，带上了浓厚的坊间传奇色彩。

主人公刷子李是位手艺高强的泥水匠，有一手"刷浆不漏一个白点"的绝技。作品从有关他的传说写起，还设置了"信与不信”的悬念。悬念始于刷子李收曹小三为徒，以曹小三的亲身经历展示了刷子李的一系列“规矩”。尤其是刷白墙时，刷子李必穿一身黑衣黑裤黑布鞋，却不沾一点白浆，更突出了其绝技的高妙。在奇迹一一应现、绝招一一验证之际，情节陡然一转——徒弟发现师傅的黑裤子上出现了一个黄豆大的白点。这个一百八十度的大转弯，使情节急转直下。然而，就在神话将要破灭之时，主人公刷子李从容点破了内中的奥秘：原来刚才点烟时，把裤子不小心烧了个小洞，白衬裤从小洞透出来，看上去就跟粉落上去的白点一模一样。这个完全出人意料的高潮，使曹小三更加佩服师傅的绝技高超，而悬念也以皆大欢喜方式迎刃而解。

情节是吸引人的，人物形象也是鲜明的。但基调如果只停留于此，大不了就是赞扬技艺高超，满足读者好奇的兴趣。可贵的是结尾师傅对发怔、发傻的徒弟笑道：“好好学本事吧！”作者更强调：曹小三学徒一天听到学到的，“恐怕别人一辈子也不一定明白呢”。这才是作品基调之所在。

工匠精神是值得我们所有人学习的，更是如今大大提倡的。这么精彩的一个典型，不从精益求精、学艺无止境上去挖掘，那剩下来的也就只有猎奇，基调的意义和价值也就大打折扣了。

再看美国诗人惠特曼的诗歌《哦，船长，我的船长》：

哦，船长，我的船长！

我们险恶的航程已经告终，
我们的船安渡过惊涛骇浪，
我们寻求的奖赏已赢得手中。

港口已经不远，
钟声我已听见，
万千人众在欢呼呐喊，
目迎着我们的船从容返航，
我们的船威严而且勇敢。

可是，心啊！心啊！心啊！
哦，殷红的血滴流泻，
在甲板上，那里躺着我的船长，
他已倒下，已死去，已冷却。

哦，船长，我的船长！
起来吧，请听听这钟声，
起来，
——旌旗，为你招展
——号角，为你长鸣。
为你，岸上挤满了人群
——为你，

无数花束、彩带、花环。
为你熙攘的群众在呼唤，
转动着多少殷切的脸。
这里，船长！亲爱的父亲！
你头颅下边是我的手臂！
这是甲板上的一场梦啊，
你已倒下，已死去，已冷却。

我们的船长不作回答，
他的双唇惨白、寂静，
我的父亲不能感觉我的手臂，
他已没有脉搏、没有生命，
我们的船已安全抛锚碇泊，
航行已完成，已告终，
胜利的船从险恶的旅途归来，
我们寻求的已赢得手中。
欢呼，哦，海岸！
轰鸣，哦，洪钟！
可是，我却轻移悲伤的步履，
在甲板上，那里躺着我的船长，
他已倒下，已死去，已冷却。

这是一首悼念林肯的著名诗篇，南北战争结束，美国的领袖却被刺身亡。全诗运用象征手法，解放黑奴、追求民主的事业用航船的一次航程象征，而林肯就是船长。

全诗分为三段：正义的事业，也就是这次险恶的航程已近尾声。胜利的景象热烈欢腾，从容返航到万众欢呼，再到抛锚停泊，航行已告终，大业已完成。“旌旗”“彩带”“号角”“洪钟”……胜利的画面几乎占据了作品的全部，但是船长却死了——“他已倒下，已死去，已冷却”。每段都用这同样的三个词结束，确切无误地证实了伟人的逝世和作者本人的悲痛。何等噩耗！何等悲剧！胜利的欢呼和领袖的被刺形成了强烈的反差和鲜明的对比，考虑到眼前的胜利正是以领袖的生命为代价换取来的，人们的悲痛更加无可比拟。初看这些欢呼场面的描写，作品中似乎应包含一些胜利的喜悦。但提升到国家命运与全民感情的高度来看，胜利却成了牺牲的反衬，使朗诵的基调更加悲壮和忧伤，作品的意义和价值也就更深远了。

“把篇读全”，“全”就应这样抓住主体和灵魂体现出来。

同字、词、句一样，篇的诵读也可以做些练习，找一些小型的作品，以小见大地进行诵读训练。建议以诗词里的五言、七言绝句或律诗为材料，从结构、节奏、思想感情、基调等方面作些思考和处理，可以本书提到过的《登鹳雀楼》（王之涣）和《无题·惯于长夜过春时》（鲁迅）的诵读为借鉴，结合自己的特点，放手探求。

· 附录 ·

选文合集

念奴娇·赤壁怀古

苏轼

大江东去，浪淘尽，千古风流人物。故垒西边，人道是，三国周郎赤壁。乱石穿空，惊涛拍岸，卷起千堆雪。江山如画，一时多少豪杰。

遥想公瑾当年，小乔初嫁了，雄姿英发。羽扇纶巾，谈笑间，樯橹灰飞烟灭。故国神游，多情应笑我，早生华发。人生如梦，一尊还酹江月。

绕口令九则

1. 粉红墙上画凤凰，凤凰画在粉红墙。

红凤凰、粉凤凰，红粉凤凰、花凤凰。

2. 蓝教练是女教练，吕教练是男教练。

蓝教练不是男教练，吕教练不是女教练。蓝教练在女队训练女篮，吕教练在男队训练男篮。

3. 石小四，史肖石，一同来到阅览室。

石小四年十四，史肖石年四十。年十四的石小四爱看诗词，年四十的史肖石最爱看报纸。年四十的史肖石发现了好诗词，忙递给年十四的石小四，年十四的石小四见了新报纸，忙递给年四十的史肖石。

4. 九十九头牛，驮着九十九个篓，每篓装着九十九斤油。牛背油篓扭着走，油篓磨坏篓漏油，九十九斤一个篓，还剩六十六斤油。你说漏了几十几斤油？

5. 谢老爹在街上扫雪，薛大爷在屋里打铁。薛大爷见谢老爹上街扫雪，急忙放下手里打着的铁，到街上帮谢老爹扫雪。谢老爹扫完街上的雪，进屋去帮薛大爷打铁。二人同扫雪，二人同打铁。

6. 天上飞来一个盆，地下搭着一个棚，盆碰棚，棚碰盆。棚倒了，盆碎了，是棚赔盆，还是盆赔棚？

7. 佟同志用铜质版印通知，与佟同志同职的通同志去通州发通知。佟同志知道同职的通同志受伤刚痛止，就代替通同志去通州发佟同志用铜质版印的通知。

8. 梁木匠和梁瓦匠，俩梁有事常商量。梁木匠天亮晾衣裳，梁瓦匠天黑量高粱。梁木匠晾衣裳受了凉，梁瓦匠量高粱少了粮。梁瓦匠思量梁木匠受了凉，梁木匠体谅梁瓦匠少了粮。

9. 雷锋他艰苦朴素成习惯，处处为国家来打算。自己做了个节约箱，捡了东西往里装。里边儿有：鞋帮儿、鞋底儿、鞋后跟儿，麻绳头儿、破铁丝儿，旧车胎儿、橡皮筋儿，铆钉儿、螺丝儿、大头针儿，烂布条儿、碎布块儿，毛巾儿、袜子、破手绢儿，罐头盒儿、瓶子盖儿，碎铜、烂铁、麻袋片儿，一件儿一件儿又一件儿，没有别的净破烂儿。

下雪了（节选）　　峻青

下雪了，雪下得真大，雪花儿像鹅毛一样从天上飘下来，落在山上、田野上、大树上，盖上一层，又盖上一层，全是白茫茫的了。外边儿静悄悄的，行人很少。

雪停了，太阳出来了。太阳光照在树上，亮得耀眼。山啊，田野啊，房子啊，大树啊，全变了样儿了，都穿上了白色外衣。校旁那两座小塔，都戴上了顶白帽子，比平常更好看了。

下课后，同学们都到院子里来了。大家滑雪、扔雪球儿、堆雪人儿。他们的脸跟鼻子都冻得红红的，可还是玩得很起劲儿。

小河

马如琴

离开家乡已经六年了，在梦里也思念那条小河。我在那里长大，在那里经历了风雨，小河知道童年的我所经历的一切。

小时候，我喜欢站在小河边看哥哥、姐姐下河里游泳，他们一会儿游入水底，在水中捉迷藏，一会儿浮出水面，泼水打水仗。我好羡慕他们啊。一次，我见他们向远处游去，幼小的我带着好奇走入水中，恍惚在梦境中一般。幸好母亲发现我不在岸上，又见水中直泛水泡，不会游泳的母亲费了许多力气将我从死神手中拉了回来。

当时母亲怀着我的小弟弟，由于救我时费力紧张，喝了不少水，一下就病倒了，经医生治疗也不见好转。躺在床上的母亲，怕我再走到河里去，让哥哥姐姐看着我，还吩咐他们一有空就教我学游泳，我一有进步，母亲就显得很高兴，可她的病一点也没好转。

就在那年秋天，母亲离我们去了，小弟弟一生下来不哭也不动，也追随母亲去了。为了我的生存，母亲去了，弟弟也去了。母亲生育了我，又从死神的手中救了我。她给了我两次生命。临终前，她拉着我们兄妹四人的手，眼里流露出的尽是爱，为了我们，她没有怨言，倾献给我们的是全部的爱！

母亲去世后，我便常站在河边，幻想着能从小河里看到母亲。

她是从小河走向那个世界的，那轻轻的流水声，多像母亲温柔的语声；那缓缓拍打堤岸的河水，多像母亲温柔的手。

长大了，我也常去河边，高兴时去，烦恼时也去。清静柔顺的河水，就像母亲充满爱的目光，我带去的欢乐便愈加热烈，我带去的烦恼也烟消云散。

如今我离去了，小河被我远远地抛在了故乡，可我永远思念着你，小河。

哈姆雷特独白（节选） 莎士比亚

生存还是毁灭，这是一个值得考虑的问题。

默然忍受命运暴虐的毒箭，或是挺身反抗人世无涯的苦难，通过斗争把它们扫清，这两种行为，哪一种更高贵？

死了，睡着了，什么都完了。

要是在这种睡眠之中，我们心头的创痛，以及其他无数血肉之躯所不能避免的打击都可以从此消失，那正是我们求之不得的结局。

死了睡着了，睡着了……也许还会做梦。

嗯，阻碍就在这儿。因为当我们摆脱了这一具朽腐的皮囊以后，在那死的睡眠里，究竟将要做些什么梦，那不能不使我们踌躇顾虑。

人们甘心久困于患难之中，也就是为了这个缘故。

谁愿意忍受人世的鞭挞和讥嘲？压迫者的凌辱，傲慢者的冷眼，被轻蔑的爱情的惨痛，法律的迁延，官吏的横暴，和费尽辛勤所换来的小人的鄙视。要是他只要用一把小小的刀子，就可以清算他自己的一生？

谁愿意负着这样的重担，在烦劳的生命的迫压下呻吟、流汗。倘不是因为惧怕不可知的死后，惧怕那从来不曾有一个旅人回来过的神秘之国，是它迷惑了我们的意志，使我们宁愿忍受目前的折磨，不敢向我们所不知道的痛苦飞去。

这样，重重的顾虑使我们全变成了懦夫，决心的赤热的光彩，被审慎的思维盖上了一层灰色，伟大的事业在这一种顾虑之下也会逆流而退，失去了行动的意义。且慢！美丽的奥菲利娅！——女神，在你的祈祷中，不要忘记……我忏悔我的罪孽。

渔父

屈原

屈原既放，游于江潭，行吟泽畔，颜色憔悴，形容枯槁。

渔父见而问之曰："子非三闾大夫欤？何故至于斯？"

屈原曰："举世皆浊我独清，众人皆醉我独醒，是以见放。"

渔父曰："圣人不凝滞于物，而能与世推移。世人皆浊，何不淈其泥而扬其波？众人皆醉，何不餔其糟而歠其醨？何故深思高举，自令放为？"

屈原曰："吾闻之，新沐者必弹冠，新浴者必振衣；安能以身之察察，受物之汶汶者乎？宁赴湘流，葬于江鱼之腹中。安能以皓皓之白，而蒙世俗之尘埃乎？"

渔父莞尔而笑，鼓枻而去，乃歌曰："沧浪之水清兮，可以濯吾缨；沧浪之水浊兮，可以濯吾足。"遂去，不复与言。

我为少男少女们歌唱

何其芳

我为少男少女们歌唱
我歌唱早晨
我歌唱希望
我歌唱那些属于未来的事物
我歌唱那些正在生长的力量

我的歌呵
你飞吧
飞到那些年轻人的心中
去找你停留的地方

所有使我像草一样颤抖过的
快乐或者好的思想
都变成声音
飞到四方八面去吧
不管它像一阵微风
或者一片阳光

轻轻地从我琴弦上
失掉了成年的忧伤
我重新变得年轻了
我的血流得很快

对于生活我又充满了梦想
充满了渴望

春夏秋冬

春天来了，大地醒了，小河水哗哗地流淌，
小树发芽，绿草青青，鲜花开放，百鸟歌唱。
夏天来了，艳阳高照，知了唱起了动听的歌谣，
鱼儿嬉戏在清清的水面，伙伴们跳下小河快乐地洗澡。
秋天来了，天高气爽，大雁排着队往南飞翔，
稻谷金黄棉花白，瓜果甜又香，丰收的季节又来到。
冬天来了，北风呼啸，蜡梅开放出阵阵清香，
雪花伴着蜡梅花，小朋友快来堆雪人呀，快来打雪仗。

绿

艾青

好像绿色的墨水瓶倒翻了
到处是绿的……

到哪儿去找这么多的绿：
墨绿、浅绿、嫩绿、
翠绿、淡绿、粉绿……
绿得发黑、绿得出奇。

刮的风是绿的，

下的雨是绿的，
流的水是绿的，
阳光也是绿的。

所有的绿集中起来，
挤在一起，
重叠在一起，
静静地交叉在一起。
突然一阵风，
好像舞蹈教练在指挥，
所有的绿就整齐地
按着节拍飘动在一起……

谁是最可爱的人（节选）

魏巍

让我还是来说一段故事吧。

还是在二次战役的时候，有一支志愿军的部队向敌后猛插，去切断军隅里敌人的逃路。当他们赶到书堂站时，逃敌也恰恰赶到那里，眼看就要从汽车路上开过去。这支部队的先头连（三连）就匆匆占领了汽车路边一个很低的光光的小山岗，阻住敌人，一场壮烈的搏斗就开始了。

……

敌人为了逃命，用三十二架飞机，十多辆坦克和集团冲锋向这个连的阵地汹涌卷来。整个山顶都被打翻了。汽油弹的火焰把这个阵地都烧红了。但勇士们在这烟与火的山岗上，高喊着口号，一次又一次把敌人打死在阵地前面。敌人的死尸像谷子似得在山前堆满了，血也把这山岗流红了。可是敌人还是要拼死争夺，好使自己的主力不致覆灭。这激战整整持续了八个小时，最后，勇士们的子弹打光了。

蜂拥上来的敌人，占领了山头，把他们压到山脚。飞机掷下的汽油弹，把他们的身上烧着了火。这时候，勇士们是仍然不会后退的呀，他们把枪一摔，身上、帽子上冒着呜呜的火苗向敌人扑去，把敌人抱住，让身上的火，把要占领阵地的敌人烧死。……据这个营的营长告诉我，战后，这个连的阵地上，枪支完全摔碎了，机枪零件扔得满山都是。

烈士们的尸体，做着各种各样的姿势，有抱住敌人腰的，有抱住敌人头的，有掐住敌人脖子，把敌人摁倒在地上的，和敌人倒在一起，烧在一起。还有一个战士，他手里还紧握着一个手榴弹，弹体上沾满脑浆，和他死在一起的美国鬼子，脑浆崩裂，涂了一地。另有一个战士，他的嘴里还衔着敌人的半块耳朵。在掩埋烈士们遗体的时候，由于他们两手扣着，把敌人抱得那样紧，分都分不开，以致把有的手指都掰断了。……这个连虽然伤亡很大，但他们却打死了三百多敌人，特别是，使我们部队的主力赶上，聚歼了敌人。

将进酒 李白

君不见，黄河之水天上来，奔流到海不复回。君不见，高堂明镜悲白发，朝如青丝暮成雪！人生得意须尽欢，莫使金樽空对月。

天生我材必有用，千金散尽还复来。烹羊宰牛且为乐，会须一饮三百杯。

岑夫子，丹丘生，将进酒，杯莫停。与君歌一曲，请君为我倾耳听。钟鼓馔玉不足贵，但愿长醉不复醒。古来圣贤皆寂寞，惟有饮者留其名。陈王昔时宴平乐，斗酒十千恣欢谑。主人何为言少钱，径须沽取对君酌。五花马、千金裘，呼儿将出换美酒，与尔同销万古愁。

我愿意是急流　　裴多菲

我愿意是急流，
是山里的小河，
在崎岖的路上、岩石上经过……
只要我的爱人
是一条小鱼，
在我的浪花中
快乐地游来游去。

我愿意是荒林，
在河流的两岸，
对一阵阵的狂风，勇敢地作战……
只要我的爱人
是一只小鸟，
在我的稠密的

树枝间做窠，鸣叫。

我愿意是废墟，
在峻峭的山岩上，
这静默的毁灭，并不使我懊丧……
只要我的爱人
是青青的常春藤，
沿着我荒凉的额，
亲密地攀援上升。

我愿意是草屋，
在深深的山谷底，
草屋的顶上，饱受风雨的打击……
只要我的爱人
是可爱的火焰，
在我的炉子里，
愉快地缓缓闪现。

我愿意是云朵，
是灰色的破旗，
在广漠的空中，懒懒地飘来荡去，
只要我的爱人
是珊瑚似的夕阳，
傍着我苍白的脸，

显出鲜艳的辉煌。

卖火柴的小女孩　安徒生

天冷极了，下着雪，又快黑了。这是一年的最后一天——大年夜。在这又冷又黑的晚上，一个乖巧的小女孩儿，赤着脚在街上走着。她从家里出来的时候还穿着一双拖鞋，但是有什么用呢？那是一双很大的拖鞋——那么大，一向是她妈妈穿的。她穿过马路的时候，两辆马车飞快地冲过来，吓得她把鞋都跑掉了。一只怎么也找不着，另一只叫一个男孩儿捡起来拿着跑了。他说，将来他有了孩子，可以拿它当摇篮。

小女孩儿只好赤着脚走，一双小脚冻得红一块青一块的。她的旧围裙里兜着许多火柴，手里还拿着一把。这一整天，谁也没买过她一根火柴，谁也没给过她一个钱。

可怜的小女孩儿！她又冷又饿，哆哆嗦嗦地向前走。雪花落在她的金黄的长头发上，那头发打成卷儿披在肩上，看上去很美丽，不过她没注意这些。每个窗子里都透出灯光来，街上飘着一股烤鹅的香味儿，因为这是大年夜——她可忘不了这个。

她在一座房子的墙角里坐下来，蜷着腿缩成一团。她觉得更冷了。她不敢回家，因为她没卖掉一根火柴，没挣到一个钱，爸爸一定会打她的。再说，家里跟街上一样冷。他们头上只有个房顶，虽然最大的裂缝已经用草和破布堵住了，风还是可以灌进来。

她的一双小手几乎冻僵了。啊，哪怕一根小小的火柴，对她也是有好处的！她敢从成把的火柴里抽出一根，在墙上擦燃了，来暖和暖和自己的小手吗？她终于抽出了一根。哧！火柴燃起来了，冒出火焰来了！她把小手拢在火焰上。多么温暖多么明亮的火焰啊，简直像一根小小的蜡烛。这是一道奇异的火光！小女孩儿觉得自己好像坐在一个大火炉前面，火炉装着闪亮的铜脚和铜把手，烧得旺旺的，暖烘烘的，多么舒服啊！哎，这是怎么回事呢？她刚把脚伸出去，想让脚也暖和一下，火柴灭了，火炉不见了。她坐在那儿，手里只有一根烧过了的火柴梗。

她又擦了一根。火柴燃起来了，发出亮光来了。亮光落在墙上，那儿忽然变得像薄纱那么透明，她可以一直看到屋里。桌上铺着雪白的台布，摆着精致的盘子和碗，肚子里填满了苹果和梅子的烤鹅正冒着香气。更妙的是这只鹅从盘子里跳下来，背上插着刀和叉，摇摇摆摆地在地板上走着，一直向这个穷苦的小女孩儿走来。这时候，火柴又灭了，她面前只有一堵又厚又冷的墙。

她又擦着了一根火柴。这一回，她坐在美丽的圣诞树下。这棵圣诞树，比她去年圣诞节透过富商家的玻璃门看到的还要大，还要美。翠绿的树枝上点着几千支明晃晃的蜡烛，许多幅美丽的彩色画片，跟挂在商店橱窗里的一个样，在向她眨眼睛。小女孩儿向画片伸出手去。这时候，火柴又灭了。只见圣诞树上的烛光越升越高，最后成了在天空中闪烁的星星。有一颗星星落下来了，在天空中划出了一道细长的红光。

“有一个什么人快要死了。”小女孩儿说。唯一疼她的奶奶活着的时候告诉过她：一颗星星落下来，就有一个灵魂要到上帝那儿去了。

她在墙上又擦着了一根火柴。这一回，火柴把周围全照亮了。

奶奶出现在亮光里，是那么温和，那么慈爱。

“奶奶！”小女孩儿叫起来，“啊！请把我带走吧！我知道，火柴一灭，您就会不见的，像那暖和的火炉，喷香的烤鹅，美丽的圣诞树一样，就会不见的！”

她赶紧擦着了一大把火柴，要把奶奶留住。一大把火柴发出强烈的光，照得跟白天一样明亮。奶奶从来没有像现在这样高大，这样美丽。奶奶把小女孩儿抱起来，搂在怀里。她俩在光明和快乐中飞走了，越飞越高，飞到那没有寒冷，没有饥饿，也没有痛苦的地方去了。

第二天清晨，这个小女孩儿坐在墙角里，两腮通红，嘴上带着微笑。她死了，在旧年的大年夜冻死了。新年的太阳升起来了，照在她小小的尸体上。小女孩儿坐在那儿，手里还捏着一把烧过了的火柴梗。

“她想给自己暖和一下……”人们说。谁也不知道她曾经看到过多么美丽的东西，她曾经多么幸福，跟着她奶奶一起走向新年的幸福中去。

我用残损的手掌　戴望舒

我用残损的手掌
摸索这广大的土地：
这一角已变成灰烬，
那一角只是血和泥；
这一片湖该是我的家乡，

春天，堤上繁花如锦幛，
嫩柳枝折断有奇异的芬芳，
我触到荇藻和水的微凉；
这长白山的雪峰冷到彻骨，
这黄河的水夹泥沙在指间滑出；
江南的水田，你当年新生的禾草
是那么细，那么软……现在只有蓬蒿；
岭南的荔枝花寂寞地憔悴，
尽那边，我蘸着南海没有渔船的苦水……

无形的手掌掠过无限的江山，
手指染了血和灰，手掌沾了阴暗，
只有那辽远的一角依然完整，
温暖，明朗，坚固而蓬勃生春。
在那上面，我用残损的手掌轻抚，
像恋人的柔发，婴孩手中乳。

我把全部的力量运在手掌
贴在上面，寄予爱和一切希望，
因为只有那里是太阳，是春，
将驱逐阴暗，带来苏生，
因为只有那里我们不像牲口一样活，
蝼蚁一样死……
那里，永恒的中国！

海燕

高尔基

在苍茫的大海上，狂风卷集着乌云。在乌云和大海之间，海燕像黑色的闪电，在高傲地飞翔。

一会儿翅膀碰着波浪，一会儿箭一般地直冲向乌云，它叫喊着，——就在这鸟儿勇敢的叫喊声里，乌云听出了欢乐。

在这叫喊声里——充满着对暴风雨的渴望！在这叫喊声里，乌云听出了愤怒的力量、热情的火焰和胜利的信心。

海鸥在暴风雨来临之前呻吟着，——呻吟着，它们在大海上飞窜，想把自己对暴风雨的恐惧，掩藏到大海深处。

海鸭也在呻吟着，——它们这些海鸭啊，享受不了生活的战斗的欢乐：轰隆隆的雷声就把它们吓坏了。

蠢笨的企鹅，胆怯地把肥胖的身体躲藏到悬崖底下……只有那高傲的海燕，勇敢地，自由自在地，在泛起白沫的大海上飞翔！

乌云越来越暗，越来越低，向海面直压下来，而波浪一边歌唱，一边冲向高空，去迎接那雷声。

雷声轰响。波浪在愤怒的飞沫中呼叫，跟狂风争鸣。看吧，狂风紧紧抱起一层层巨浪，恶狠狠地把它们甩到悬崖上，把这些大块的翡翠摔成尘雾和碎末。

海燕叫喊着，飞翔着，像黑色的闪电，箭一般地穿过乌云，翅膀掠起波浪的飞沫。

看吧，它飞舞着，像个精灵，——高傲的、黑色的暴风雨的精灵，——它在大笑，它又在号叫……它笑那些乌云，它因为欢乐而号叫！

这个敏感的精灵，——它从雷声的震怒里，早就听出了困乏，它深信，乌云遮不住太阳，——是的，遮不住的！

狂风吼叫……雷声轰响……

一堆堆乌云，像青色的火焰，在无底的大海上燃烧。大海抓住闪电的箭光，把它们熄灭在自己的深渊里。这些闪电的影子，活像一条条火蛇，在大海里蜿蜒游动，一晃就消失了。

——暴风雨！暴风雨就要来啦！

这是勇敢的海燕，在怒吼的大海上，在闪电中间，高傲地飞翔；这是胜利的预言家在叫喊：

——让暴风雨来得更猛烈些吧！

有的人——纪念鲁迅逝世十三周年有感

臧克家

有的人活着
他已经死了；
有的人死了
他还活着。

有的人
骑在人民头上："啊，我多伟大！"
有的人
俯下身子给人民当牛马。

有的人

把名字刻入石头，想“不朽”；
有的人
情愿作野草，等着地下的火烧。

有的人
他活着别人就不能活；
有的人
他活着为了多数人更好地活。

骑在人民头上的
人民把他摔垮；
给人民当牛马的
人民永远记住他！

把名字刻入石头的
名字比尸首烂得更早；
只要春风吹到的地方
到处是青青的野草。

他活着别人就不能活的人，
他的下场可以看到；
他活着为了多数人更好地活着的人，
群众把他抬举得很高，很高。

那一声爹（节选）

娘一直巴望她叫那男人一声爹。她偏不。“凭啥？我爹死了！”男人尴尬地笑着，“就叫叔吧”。叔她也不叫，嫌他邋遢，长得又丑，一见他心里就烦。

14 岁，她到镇上读初中了。每次去看她，叔都会带好多好吃的。周末，叔会用单车去接她，同学问，哎，接你的男人是谁？她都虎着脸不做回答。

17 岁她考上了高中，为交学费，叔去卖了血。抽屉里，有他几张卖血的单子，是她偶尔看到的，那上面写着叔的名字——刘大苍。这回看得她直想落泪。“叔，谢谢你！”这是她头一回喊他叔，叔激动地说不出话，憨憨地笑着。

为了她，全家人搬到了城里。娘摆了水果摊儿，叔在街上做了修鞋匠。每次路过鞋摊，叔都会给她买一块烤红薯，笑呵呵地递到她手里，继续修他的鞋。她捧着热乎乎的烤红薯，呆呆地站在风中，那时，她有了和叔相依为命的感觉。

不幸，在她高二的时候再次发生。她娘，得了急病走了。 叔早出晚归在街头修鞋，挣钱养活她，细心地照顾着她。

一年后，她考上了重点大学。叔拿着那张录取通知书哭了。这还是她头一回看叔落泪。她捧着叔卖了自己房子的钱，去上了大学。

后来，她以优异的成绩考过了托福，去美国之前，她哭着说，“叔，我担心你一个人……”“别，别担心叔，叔会好好过的……”叔也哽咽了。

火车上她打开了叔塞到她手里的那个纸包，有百，十，二十，有十块的，更有五块两块一块的，她抱着那堆钱，哭了很久。

几年后她飞了回来，是为叔处理后事的。叔突发脑溢血，死在了修鞋摊儿上。

她为叔定做了最好的棺木。比娘的还要好。按照当地的风俗得披麻戴孝，并且在坟前摔一个碗，那都是女儿应该做的事情。

好多人都说，看人家，从美国留学回来还能对一个继父这样好。可她知道，她欠叔的，将永远无法补偿。她总想让叔过上好日子，以偿还这半生的恩情，因为在她心里，叔早就是她最亲的人了。

摔碗的时候要喊亲人的称谓，人们都习惯地听她喊叔了，她喊了那么多年的叔。在坟前，她重重地将碗摔碎，用力地哭喊着——：“爹……爹呀！女儿给你送碗来了！爹……！”

那一声声爹，叫的在场所有人，都落了泪。……

是啊，懂得感恩，让小女孩变成了天使。

报书目

赵兵

学朗诵，搞文艺，要多读书，勤学习。中外名著，不可不读，成千上万的书目，丰盈无数，列举一些供您选读。

《暴风雨》《茶花女》《包身工》《华盖集》《十日谈》《洪波曲》《红与黑》《双城记》《女神》《月牙》《三国演义》《春寒》《伤势》《狂人日记》《战争风云》《彼得大帝》《啼笑姻缘》《聊斋志异》《暴风骤雨》《封神演义》；

《呐喊》《彷徨》《四世同堂》《剥削世家》《百万英镑》《为了生活》《卖花姑娘》《为了生命》《珍妮姑娘》《小家碧玉》《城市姑娘》《悲惨世界》《被抛弃的姑娘》;

《西厢记》《西游记》《播火记》《大刀记》《铜墙铁壁》《老残游记》《木偶奇遇记》《官场现形记》《格里佛游记》《地覆天翻记》《基度山恩仇记》《鲁宾逊漂流记》;

《家》《春》《秋》《寒夜》《子夜》《白夜》《日日夜夜》《一千零一夜》;

《红楼梦》《蝴蝶梦》《海的梦》《金钱梦》《银色的梦》《金陵春梦》;

《林家铺子》《骆驼祥子》《我的儿子》《我这一辈子》《少奶奶的扇子》《第十四个儿子》;

《手的故事》《英雄的故事》《悲惨的故事》《红松岭的故事》《意大利的故事》《一个诗人的故事》《卓娅和舒拉的故事》《洋铁桶的故事》《一个女人翻身的故事》《牧师和他的工人巴尔达的故事》《爱情、疯狂与死亡的故事》;

《复活》《苦力》《结婚》《登记》《腐蚀》《幻灭》《野草》《点滴》《追求》《光明》《罗亭》《神曲》《火马》《火葬》《偷生》《赶集》《红日》《红岩》《红潮》《红旗》《简·爱》《考验》《火炬》《火线》《伙计》《霍乱》《初恋》《初欢》《金星》《金钱》《金螺》《金罐》《回顾》《回浪》《勇敢》《丹娘》《海燕》《还乡》《大街》《地粮》《母亲》《故乡》《海鸥》《海狼》;

《第一个名字》《第一次嘉奖》《第二次握手》《第二颗心脏》《第三次列车》《静静的顿河》《好兵帅克》《堂吉诃德》。

中外名著，千千万万，历数不尽，请您自己多多去看。

祖国啊，我亲爱的祖国

舒婷

我是你河边上破旧的老水车，
数百年来纺着疲惫的歌；
我是你额上熏黑的矿灯，
照你在历史的隧洞里蜗行摸索
我是干瘪的稻穗，是失修的路基；
是淤滩上的驳船
把纤绳深深
勒进你的肩膊，
——祖国啊！
我是贫困，
我是悲哀。
我是你祖祖辈辈
痛苦的希望啊，
是“飞天”袖间
千百年未落到地面的花朵，
——祖国啊！
我是你簇新的理想，
刚从神话的蛛网里挣脱；
我是你雪被下古莲的胚芽；
我是你挂着眼泪的笑涡；
我是新刷出的雪白的起跑线；
是绯红的黎明

正在喷薄；
—— 祖国啊！
我是你的十亿分之一，
是你九百六十万平方的总和；
你以伤痕累累的乳房
喂养了
迷惘的我、深思的我、沸腾的我；
那就从我的血肉之躯上
去取得
你的富饶、你的荣光、你的自由；
—— 祖国啊，
我亲爱的祖国！

在马克思墓前的讲话（节选）

恩格斯

3 月 14 日下午两点三刻，当代最伟大的思想家停止思想了。让他一个人留在房里还不到两分钟，当我们进去的时候，便发现他在安乐椅上安静地睡着了——但已经永远地睡着了。

这个人的逝世，对于欧美战斗的无产阶级，对于历史科学，都是不可估量的损失。这位巨人逝世以后所形成的空白，不久就会使人感觉到。

正像达尔文发现有机界的发展规律一样，马克思发现了人类历史的发展规律，即历来为繁芜丛杂的意识形态所掩盖着的一个简单事实：人们首先必须吃、喝、住、穿，然后才能从事政治、科学、艺术、宗教等等；所以，直接的物质的生活资料的生产，从而一个民族或一个时代的一定的经济发展阶段，便构成基础，人们的国家设施、法的观点、艺术以至宗教观念，就是从这个基础上发展起来的，因而，也必须由这个基础来解释，而不是像过去那样做得相反。

不仅如此。马克思还发现了现代资本主义生产方式和它所产生的资产阶级社会的特殊的运动规律。由于剩余价值的发现，这里就豁然开朗了，而先前无论资产阶级经济学家或者社会主义批评家所做的一切研究都只是在黑暗中摸索。

一生中能有这样两个发现，该是很够了。即使只能作出一个这样的发现，也已经是幸福的了。但是马克思在他所研究的每一个领域，甚至在数学领域，都有独到的发现，这样的领域是很多的，而且其中任何一个领域他都不是浅尝辄止。

他作为科学家就是这样。但是这在他身上远不是主要的。在马克思看来，科学是一种在历史上起推动作用的、革命的力量。

……

马克思首先是一个革命家。他毕生的真正使命，就是以这种或那种方式参加推翻资本主义社会及其所建立的国家设施的事业，参加现代无产阶级的解放事业，正是他第一次使现代无产阶级意识到自身的地位和需要，意识到自身解放的条件。……最后，为全部活动的顶峰，创立伟大的国际工人协会，作为这一切工作的完成——老实说，协会的这位创始人即使没有别的什么建树，单凭这一成果也可以自豪。

……

他的英名和事业将永垂不朽！

为了忘却的纪念（节选）

鲁迅

天气愈冷了，我不知道柔石在那里有被褥不？我们是有的。洋铁碗可曾收到了没有？……但忽然得到一个可靠的消息，说柔石和其他二十三人，已于二月七日夜或八日晨，在龙华警备司令部被枪毙了，他的身上中了十弹。

原来如此！……

在一个深夜里，我站在客栈的院子中，周围是堆着的破烂的什物；人们都睡觉了，连我的女人和孩子。我沉重的感到我失掉了很好的朋友，中国失掉了很好的青年，我在悲愤中沉静下去了，然而积习却从沉静中抬起头来，凑成了这样的几句：

惯于长夜过春时，挈妇将雏鬓有丝。
梦里依稀慈母泪，城头变幻大王旗。
忍看朋辈成新鬼，怒向刀丛觅小诗。
吟罢低眉无写处，月光如水照缁衣。

但末二句，后来不确了，我终于将这写给了一个日本歌人。

可是在中国，那时是确无写处的，禁锢得比罐头还要严密。我记得柔石在年底曾回故乡，住了好些时，到上海后很受朋友的责备。他悲愤的对我说，他的母亲双眼已经失明，要他多住几天，他怎么能够就走呢？我知道这失明的母亲的眷眷的心，柔石的拳拳的心。当《北斗》创刊时，我就想写一点关于柔石的文章，然而不能够，只得选了一幅珂勒惠支夫人的木刻，名曰《牺牲》，是一个母亲悲哀地献出她的儿子去的，算是只有我一个人心里知道的柔石的记念。

……

前年的今日，我避在客栈里，他们却是走向刑场了；去年的今日，我在炮声中逃在英租界，他们则早已埋在不知那里的地下了；今年的今日，我才坐在旧寓里，人们都睡觉了，连我的女人和孩子。我又沉重的感到我失掉了很好的朋友，中国失掉了很好的青年，我在悲愤中沉静下去了，不料积习又从沉静中抬起头来，写下了以上那些字。

……

不是年青的为年老的写记念，而在这三十年中，却使我目睹许多青年的血，层层淤积起来，将我埋得不能呼吸，我只能用这样的笔墨，写几句文章，算是从泥土中挖一个小孔，自己延口残喘，这是怎样的世界呢。夜正长，路也正长，我不如忘却，不说的好罢。但我知道，即使不是我，将来总会有记起他们，再说他们的时候的。

……

致橡树

舒婷

我如果爱你——
绝不像攀援的凌霄花，
借你的高枝炫耀自己；

我如果爱你——
绝不学痴情的鸟儿，
为绿荫重复单调的歌曲；
也不止像泉源，

常年送来清凉的慰藉；
也不止像险峰，
增加你的高度，
衬托你的威仪。
甚至日光，
甚至春雨。

不，这些都还不够！
我必须是你近旁的一株木棉，
作为树的形象和你站在一起。
根，紧握在地下；
叶，相触在云里。
每一阵风过，
我们都互相致意，
但没有人，
听懂我们的言语。

你有你的铜枝铁干，
像刀，像剑，也像戟；
我有我红硕的花朵，
像沉重的叹息，
又像英勇的火炬。
我们分担寒潮、风雷、霹雳；
我们共享雾霭、流岚、虹霓。

仿佛永远分离，
却又终身相依。

这才是伟大的爱情，
坚贞就在这里：
爱——
不仅爱你伟岸的身躯，
也爱你坚持的位置，
足下的土地。

夜宿山寺

李白

危楼高百尺，手可摘星辰。
不敢高声语，恐惊天上人。

最后一次讲演

闻一多

这几天，大家晓得，在昆明出现了历史上最卑劣最无耻的事情！李先生究竟犯了什么罪，竟遭此毒手？他只不过用笔写写文章，用嘴说说话，而他所写的，所说的，都无非是一个没有失掉良心的中国人的话！大家都有一支笔，有一张嘴，有什么理由拿出来讲啊！有事实拿出来说啊！为什么要打要杀，而且又不敢光明正大来打来杀，而偷偷摸摸的来暗杀！这成什么话？今天，这里有没有特务？你站出来！是好汉的站出来！你出来讲！凭什么要杀死李先生？杀死了人，又不敢承认，还要诬蔑人，说什么“桃色事件”，说什么共产党杀共产党，无耻啊！无耻啊！这是某集团的无耻，恰是李先生的光荣！李先生在昆明被暗杀，是李先生留给昆明的光荣！也是昆明人的光荣！

去年“一二·一”昆明青年学生为了反对内战，遭受屠杀，那算是青年的一代献出了他们最宝贵的生命！现今天在李先生为了争取民主和平而遭受了反动派的暗杀，我们骄傲一点说，这算是像我这样大年纪的一代，我们的老战友，献出了最宝贵的生命！这两桩事发生在昆明，这算是昆明无限的光荣！反动派暗杀李先生的消息传出以后，大家听了都悲愤痛恨。我心里想，这些无耻的东西，不知他们是怎么想法，他们的心理是什么状态，他们的心怎样长的！其实简单，他们这样疯狂的来制造恐怖，正是他们自己在慌啊！在害怕啊！所以他们制造恐怖，其实是他们自己在恐怖啊！特务们，你们想想，你们还有几天？你们完了，快完了！你们以为打伤几个，杀死几个，就可以了事，就可以把人民吓倒了吗？其实广大的人民是打不尽的，杀不完的！要是这样可以的话，世界上早没有人了。

你们杀死一个李公朴，会有千百万个李公朴站起来！你们将失去千百万的人民！你们看着我们人少，没有力量？告诉你们，我们的力量大得很，强得很！看今天来的这些人，都是我们的人，都是我们的力量！此外还有广大的市民！我们有这个信心：人民的力量是要胜利的，真理是永远存在的。历史上没有一个反人民的势力不被人民毁灭的！希特勒，墨索里尼，不都在人民之前倒下去了吗？翻开历史看看，你们还站得住几天！你们完了，快了！快完了！我们的光明就要出现了。我们看，光明就在我们眼前，而现在正是黎明之前那个最黑暗的时候。我们有力量打破这个黑暗，争到光明！我们的光明，就是反动派的末日！

……

李先生的血不会白流的！李先生赔上了这条性命，我们要换来一个代价。“一二·一”四烈士倒下了，年青的战士们的血换来了政治协商会议的召开；现在李先生倒下了，他的血要换取政协会议的重开！我们有这个信心！

“一二·一”是昆明的光荣，是云南人民的光荣。云南有光荣的历史，远的如护国，这不用说了，近的如“一二·一”，都属于云南人民的。我们要发扬云南光荣的历史！

反动派挑拨离间，卑鄙无耻，你们看见联大走了，学生放暑假了，便以为我们没有力量了吗？特务们！你们看见今天到会的一千多青年，又握起手来了，我们昆明的青年决不会让你们这样蛮横下去的！

反动派，你看见一个倒下去，可也看得见千百个继起的！

正义是杀不完的，因为真理永远存在！

历史赋予昆明的任务是争取民主和平，我们昆明的青年必须完成这任务！

我们不怕死，我们有牺牲的精神！我们随时像李先生一样，前脚跨出大门，后脚就不准备再跨进大门！

中国，我的钥匙丢了

梁小斌

那是十多年前，

我沿着红色大街疯狂地奔跑，
我跑到了郊外的荒野上欢叫，
后来，
我的钥匙丢了。

心灵，苦难的心灵，
不愿再流浪了，
我想回家
打开抽屉、翻一翻我儿童时代的画片，
还看一看那夹在书页里的
翠绿的三叶草。

而且，
我还想打开书橱，
取出一本《海涅歌谣》，
我要去约会，
我向她举起这本书，
作为我向蓝天发出的
爱情的信号。

这一切，
这美好的一切都无法办到，
中国，我的钥匙丢了。

天，又开始下雨，
我的钥匙啊，
你躺在哪里？
我想风雨腐蚀了你，
你已经锈迹斑斑了；
不，我不那样认为，
我要顽强地寻找，
希望能把你重新找到。

太阳啊，
你看见了我的钥匙了吗？
愿你的光芒，
为它热烈地照耀。

我在这广大的田野上行走，
我沿着心灵的足迹寻找，
那一切丢失了的，
我都在认真思考。

天狗

郭沫若

我是一条天狗呀！
我把月来吞了，
我把日来吞了，

我把一切的星球来吞了，

我把全宇宙来吞了。

我便是我了！

我是月的光，

我是日的光，

我是一切星球的光，

我是 X 光线的光，

我是全宇宙的能的总量！

我飞奔，

我狂叫，

我燃烧。

我如烈火一样地燃烧！

我如大海一样地狂叫！

我如电气一样地飞跑！

我飞跑，

我飞跑，

我飞跑，

我剥我的皮，

我食我的肉，

我吸我的血，

我啮我的心肝，

我在我神经上飞跑，

我在我脊髓上飞跑，
我在我脑筋上飞跑。

我便是我呀！
我的我要爆了！

登鹳雀楼

王之涣

白日依山尽，黄河入海流。
欲穷千里目，更上一层楼。

乞丐

屠格涅夫

我在街上走着……一个乞丐——一个衰弱的老人……挡住了我。

红肿的、含着泪水的眼睛，发青的嘴唇，粗糙、褴褛的衣服，龌龊的伤口……呵，贫困把这个不幸的人，弄成什么样子啊！

他向我伸出一只红肿、肮脏的手……他呻吟着，他哀求施舍。

我伸手搜索自己所有的口袋……没有钱包，没有表，也没有一块手帕……我随身什么东西也没带。

但乞丐在等待着……他伸出来的手，无力地摆动着和发着颤。

我惘然无措，惶惑不安，紧紧地握了握这只肮脏的发抖的手："请原谅，兄弟！"

乞丐那对红肿的眼睛凝视着我；他发青的嘴唇笑了笑，而且，他也紧紧地握了握我那变得冷起来的手指。

“哪儿的话，兄弟！”他嘟哝着说，“这已经是很可感谢的了，这也是……恩惠啊兄弟！”

我明白，我也从我的兄弟那儿……得到了恩惠。

落花生

许地山

我们家的后园有半亩空地，母亲说：“让它荒着怪可惜的，你们那么爱吃花生，就开辟出来种花生吧。”我们姐弟几个都很高兴，买种，翻地，播种，浇水，施肥，没过几个月，居然收获了。

母亲说：“今晚我们过一个收获节，请你们父亲也来尝尝我们的落花生，好不好？”母亲把花生做成了好几样食品，还吩咐就在后园的茅草亭过这个节。

晚上天色不太好，可是父亲也来了，实在很难得。

父亲说：“你们爱吃花生么？”

我们争着答应：“爱！”

“谁能把花生的好处说出来？”

姐姐说：“花生的味儿美。”

哥哥说：“花生可以榨油。”

我说：“花生的价钱便宜，谁都可以买来吃，都喜欢吃。这就是它的好处。”

父亲说：“花生的好处很多，有一样最可贵：它的果实埋在地里，不像桃子、石榴、苹果那样，把鲜红嫩绿的果实高高地挂在枝头上，使人一见就生爱慕之心。你们看它矮矮地长在地上，等到成熟了，也不能立刻分辨出来它有没有果实，必须挖出来才知道。”

我们都说是，母亲也点点头。

父亲接下去说：“所以你们要像花生一样，它虽然不好看，可是很有用，不是外表好看而没有实用的东西。”

我说：“那么，人要做有用的人，不要做只讲体面，而对别人没有好处的人。”

父亲说：“对。这是我对你们的希望。”

我们谈到深夜才散。花生做的食品都吃完了，父亲的话却深深地印在我的心上。

一棵开花的树

席慕蓉

如何让你遇见我
在我最美丽的时刻
为这，我已在佛前求了五百年
求它让我们结一段尘缘
佛，于是把我化作一棵树
长在你必经的路旁

阳光下
慎重地开满了花
朵朵都是我前世的盼望

当你走近
请你细听
那颤抖的叶
是我等待的热情

而当你终于无视地走过
在你身后落了一地的
朋友啊
那不是花瓣
那是我凋零的心

醉翁亭记

欧阳修

环滁皆山也。其西南诸峰，林壑尤美，望之蔚然而深秀者，琅琊也。山行六七里，渐闻水声潺潺，而泻出于两峰之间者，酿泉也。峰回路转，有亭翼然临于泉上者，醉翁亭也。作亭者谁？山之僧智仙也。名之者谁？太守自谓也。太守与客来饮于此，饮少辄醉，而年又最高，故自号曰醉翁也。醉翁之意不在酒，在乎山水之间也。山水之乐，得之心而寓之酒也。

若夫日出而林霏开，云归而岩穴暝，晦明变化者，山间之朝暮也。野芳发而幽香，佳木秀而繁阴，风霜高洁，水落而石出者，山间之四时也。朝而往，暮而归，四时之景不同，而乐亦无穷也。

至于负者歌于途，行者休于树，前者呼，后者应，伛偻提携，往来而不绝者，滁人游也。临溪而渔，溪深而鱼肥，酿泉为酒，泉香而酒洌，山肴野蔌，杂然而前陈者，太守宴也。宴酣之乐，非丝非竹，射者中，弈者胜，觥筹交错，起坐而喧哗者，众宾欢也。苍颜白发，颓然乎其间者，太守醉也。

已而夕阳在山，人影散乱，太守归而宾客从也。树林阴翳，鸣声上下，游人去而禽鸟乐也。然而禽鸟知山林之乐，而不知人之乐；人知从太守游而乐，而不知太守之乐其乐也。醉能同其乐，醒能述以文者，太守也。太守谓谁？庐陵欧阳修也。

月亮的心愿

夜深了，月亮透过窗帘，看见一个小女孩睡在床上，身旁有个背包，里面装着水果和点心。

月亮自言自语地说："孩子们去郊游，得去跟太阳公公商量商量，有个好天气。"

月亮又来到另一家的窗前，只见一个小女孩正在照顾生病的妈妈。

妈妈说："珍珍，早点儿睡吧，不要太累了，你还要去郊游呢。"

"妈妈，我不想去了。"

"还是和大家一起去玩玩吧！"

"可是，医生说您的病还没好呢！"

月亮悄悄地离开了窗户，心里想："我去跟雷公公说说，还是下雨吧！"

两天后的一个艳阳天，孩子们一个都不少，排着队，愉快地走在郊游的路上。

茅屋为秋风所破歌

杜甫

八月秋高风怒号，卷我屋上三重茅。茅飞渡江洒江郊，高者挂罥长林梢，下者飘转沉塘坳。

南村群童欺我老无力，忍能对面为盗贼。公然抱茅入竹去，唇焦口燥呼不得，归来倚杖自叹息。

俄顷风定云墨色，秋天漠漠向昏黑。布衾多年冷似铁，娇儿恶卧踏里裂。床头屋漏无干处，雨脚如麻未断绝。自经丧乱少睡眠，长夜沾湿何由彻！

安得广厦千万间，大庇天下寒士俱欢颜，风雨不动安如山。呜呼！何时眼前突兀见此屋，吾庐独破受冻死亦足！

羊和水牛

羊掉到河里去了，大喊“救命！”

水牛看见了走过来问道：“羊啊，你怎么会掉到河里去了？”

“我刚才不小心掉下来的。”

“你没学过游泳吗？”

“没学过，我不会游泳。”

“难道你不知道，游泳是多么重要吗？”

“我知道游泳是最重要的。”

“那你为什么不学游泳呢？”

“牛啊，你先把我救上来再慢慢问吧！不然……”

“不，不先问清楚，我是绝不开始办事的。”

“哎呀！你再问几句，我就要淹死了！”

“那么好吧，我把话说精简些，我问你，你以后到底愿不愿意学游泳？”

“愿意，愿意，你快救我上来吧！”

“很好，看来你已经懂得了游泳的重要，我马上回家去拿一本《游泳入门》给你看！”

水牛回头就走，一边走一边想：我得先让这只羊把《游泳入门》念熟了，然后得叫它天天跟着我学游泳。

有赠

曾卓

我是从感情的沙漠上来的旅客，
我饥渴，劳累，困顿。
我远远地就看到你窗前的光亮，
它在招引我——我的生命的灯。

我轻轻地叩门，如同心跳。
你为我开门。
你默默地凝望着我，
那闪耀着的是泪光么？

你为我引路，掌着灯。
我怀着不安的心情走进你洁净的小屋，
我赤着脚走得很慢，很轻，
但每一步还是留下了灰土和血印。

你让我在舒适的靠椅上坐下，
你微现慌张地为我倒茶、送水。
我眯着眼，因为不能习惯光亮，
也不能习惯你母亲般温存的眼睛。

我的行囊很小，
但我背负的东西却很重，很重，
你看我的头发斑白了，我的背脊佝偻了，
虽然我还年轻。

一捧水就可以解救我的口渴，
一口酒就使我醉了，
一点温暖就使我全身灼热，
那么，我有力量承担你如此的好意和温情么？

我全身颤栗，当你的手轻轻地握着我的，
我忍不住啜泣，当你的眼泪滴在我的手背。
你愿这样握着我的手走向人生的长途么？
你敢这样握着我的手穿过蔑视的人群么？

在一瞬间闪过了我的一生，
这神圣的时刻是结束也是开始，
一切过去的已经过去，终于过去了，
你给了我力量、勇气和信心。

你的含泪微笑着的眼睛是一座炼狱，
你的晶莹的泪光焚冶着我的灵魂，
我将在彩云般的烈焰中飞腾，
口中喷出痛苦而又欢乐的歌声……

春晓

孟浩然

春眠不觉晓，处处闻啼鸟。
夜来风雨声，花落知多少。

月下独酌四首（其一）

李白

花间一壶酒，独酌无相亲。
举杯邀明月，对影成三人。
月既不解饮，影徒随我身。
暂伴月将影，行乐须及春。
我歌月徘徊，我舞影零乱。
醒时相交欢，醉后各分散。
永结无情游，相期邈云汉。

手捧空花盆的孩子

很久以前，有位国王要挑选一个孩子做继承人。国王吩咐大臣给全国的每个孩子发一些花种，并宣布：谁能用这些种子培育出最美的花，谁就是他的继承人。

有个叫雄日的孩子，他十分用心地培育花种。十天过去了，一个月过去了，花盆里的种子却不见发芽。雄日又给种子芽了些肥，浇了些水。他天天看啊，看啊，种子就是不发芽。

国王规定的日子到了。许许多多的孩子捧着盛开着鲜花的花盆拥上街头。国王从孩子们的面前走过，看着一盆盆鲜花，脸上没有一丝高兴的表情。突然，国王看见了手捧空花盆的雄日。他停下来问："你怎么捧着空花盆呢？"雄日把花种不发芽的经过告诉了国王。国王听了，高兴地拉着他的手，说："你就是我的继承人！"

孩子们问国王："为什么您让他做继承人呢？"国王说："我发给你们的花种都是煮熟了的，这样的种子能培育出美丽的鲜花吗？"

一句话

闻一多

有一句话说出就是祸，
有一句话能点得着火。
别看五千年没有说破，
你猜得透火山的缄默？
说不定是突然着了魔，
突然青天里一个霹雳
爆一声：
"咱们的中国！"

这话叫我今天怎么说？
你不信铁树开花也可，

那么有一句话你听着：
等火山忍不住了缄默，
不要发抖，伸舌头，顿脚，
等到青天里一个霹雳
爆一声：
“咱们的中国！”

一句话

冰心

那天湖上是漠漠的清阴，
湿烟盖住了泼辣的游鳞。
东风沉静地抚着我的肩头，
“且慢，你先别说出那一句话！”

那夜天上是密密的乱星，
树头栖隐着双宿的娇禽。
南风戏弄地挨着我的腮旁，
“完了，你竟说出那一句话！”

那夜湖上是凄恻的月明，
水面横飞着闪烁的秋萤。
西风温存地按着我的嘴唇，
“何必，你还思索那一句话！”

今天天上是呼呼的风沙，
风里哀唤着失伴的惊鸦。
北风严肃地擦着我的眼睛，
“晚了，你要收回那句话？”

巴金小说《家》中“鸣凤之死”片段

忽然鸣凤又站住了。她想自己不能够就这样地死去，她至少应该再见觉慧一面，把自己的心事告诉他，他也许还有挽救的办法。鸣凤觉得心上人的接吻还在她的唇上燃烧，他的面颜还在自己的眼前荡漾。她太爱觉慧了，她不能够失掉他。在生活中，自己所得到的就只有他的爱。难道这一点自己也没有权利享受？为什么所有的人都还活着，自己在这样轻的年纪就应该离开这个世界？这些问题一个一个在她的脑子里盘旋。同时在她的眼前又模糊地现出了一幅乐园的图画，许多跟她同年纪的有钱人家的少女在那里嬉戏，笑谈，享乐。她知道这不是幻象，在那个无穷大的世界中，到处都有这样的幸福的女子，到处都有这样的乐园，然而现在她，却不得不在这里，断送她的年轻的生命。就在这个时候也没有一个人为她流一滴同情的眼泪，或者给她送来一两句安慰的话。她死了，对这个世界，对这个公馆并不是什么损失，人们很快地就忘记了她，好像她不曾存在过一般。“我的生存就是这样地孤寂吗？”她想着，她的心里充满着无处倾诉的哀怨。泪珠又一次迷糊了她的眼睛。她觉得自己没有力量支持了，便坐下去，坐在地上。耳边仿佛有人接连地叫“鸣凤”，她知道这是心上人的声音，便止了泪注意地听。周围是那样地静寂，一切人间的声音都死灭了。她静静地倾听着，她希望再听见同样的叫声，可是许久，许久，都没有一点儿动静。鸣凤完全明白了。觉慧是不能够到自己这里来的。永远有一堵墙隔开他们两个人。心上人是属于另一个环境的。他有他的前途，他有他的事业。我不能够拉住他，我不能够妨碍他，我不能够把他永远拉在自己的身边。我应该放弃他。他的存在比自己更重要。我不能让他牺牲他的一切来救自己。我应该去了，在他的生活里自己应该永久地去了。鸣凤这样想着，就定下了最后的决心。她又感到一阵心痛。她紧紧地按住了胸膛。她依旧坐在那里，她用留恋的眼光看着黑暗中的一切。她还在想。她所想的只是觉慧一个人。她想着，脸上时时浮出凄凉的微笑，但是眼睛里还有泪珠。

最后她懒洋洋地站起来，用极其温柔而凄楚的声音叫了两声："三少爷，觉慧，"便纵身往湖里一跳。

平静的水面被扰乱了，湖里起了大的响声，荡漾在静夜的空气中，许久不散。接着水面上又发出了两三声哀叫，这叫声虽然很低，但是它的凄惨的余音，已经渗透了整个黑夜。不久，水面在经过剧烈的骚动之后，又恢复了平静。只是空气里还弥漫着哀叫的余音，好像整个的花园都在低声哭了。

死水　　闻一多

这是一沟绝望的死水，
清风吹不起半点漪沦。

不如多扔些破铜烂铁，
爽性泼你的剩菜残羹。

也许铜的要绿成翡翠，
铁罐上锈出几瓣桃花；
再让油腻织一层罗绮，
霉菌给他蒸出些云霞。

让死水酵成一沟绿酒，
漂满了珍珠似的白沫；
小珠们笑声变成大珠，
又被偷酒的花蚊咬破。

那么一沟绝望的死水，
也就夸得上几分鲜明。
如果青蛙耐不住寂寞，
又算死水叫出了歌声。

这是一沟绝望的死水，
这里断不是美的所在，
不如让给丑恶来开垦，
看它造出个什么世界。

哭亡女苏菲（节选）

高兰

你哪里去了呢？我的苏菲！
去年今日
你还在台上唱“打走日本出口气”！
今年今日啊！
你的坟头已是绿草萋迷！

孩子啊！你是我在贫穷的日子里，
快乐了七年，我感谢你。
但你给我的悲痛
是绵绵无绝期呀，
我又该向你说些什么呢？

一年了！
春草黄了秋风起，
雪花落了燕子又飞去；
我却没有勇气
走向你的墓地！
我怕你听见我悲哀的哭声，
是你的小灵魂得不到安息！

一年了！
任黎明与白昼悄然消逝，

任黄昏去后又来到夜里；
但我竟提不起我的笔，
为你，写下我忧伤的情绪，
那撕裂人心的哀痛啊！

一想到你，
泪，湿透了我的纸！
泪，湿透了我的笔！
泪，湿透了我的记忆！
泪，湿透了我凄苦的日子！
……

告诉我！孩子！
在那个世界里，
你是否还是把手指头放在口里，
呆望着别人的孩子吃着花生米？
望着别人的花衣服
你忧郁地低下头去？

我知道你的灵魂漂泊无依，
漫漫的长夜呀！你都在哪里？
回来吧！苏菲！我的孩子！
我每夜都在梦中等你。
唉！纵山路崎岖你不堪跋涉，

但我的胸怀终会温暖
你那冰冷的小身躯！

南京民谣
鲁迅

大家去谒灵，强盗装正经。
静默十分钟，各自想拳经。

假如生活欺骗了你
普希金

假如生活欺骗了你，
不要悲伤，
不要心急！
忧郁的日子里须要镇静：
相信吧，
快乐的日子将会来临！
心儿永远向往着未来；
现在却常是忧郁。
一切都是瞬息，
一切都将会过去；
而那过去了的，
就会成为亲切的怀恋。

沁园春·雪

毛泽东

北国风光，千里冰封，万里雪飘。
望长城内外，惟余莽莽；大河上下，顿失滔滔。
山舞银蛇，原驰蜡象，欲与天公试比高。
须晴日，看红装素裹，分外妖娆。

江山如此多娇，引无数英雄竞折腰。
惜秦皇汉武，略输文采；唐宗宋祖，稍逊风骚。
一代天骄，成吉思汗，只识弯弓射大雕。
俱往矣，数风流人物，还看今朝。

刷子李

冯骥才

刷子李专干粉刷这一行。他要是给您刷好一间屋子，屋里什么都不用放，单坐着，就赛过升天一般美。最让人叫绝的是，他刷时必穿一身黑，干完活，身上绝没有一个白点。别不信！他还给自己立下一个规矩，只要身上有白点，白刷不要钱。

这是传说。人信也不全信。行外的没见过的不信，行内的生气愣说不信。

一年的一天，刷子李收了个徒弟叫曹小三。当徒弟的开头都是端茶、点烟、跟在屁股后边提东西。曹小三当然早就听说过师傅那手绝活，一直半信半疑，这回非要亲眼瞧瞧。

那一天，头一次跟师傅出去干活，到镇南道给姓李的人家新造的楼房刷浆。到了那儿，刷子李跟管事的人一谈，徒弟才知道师傅派头十足。照他的规矩一天只刷一间屋子。这楼房有九间屋，得刷九天。干活前，他把随身带的一个四四方方的小包袱打开，果然一身黑衣黑裤，一双黑布鞋。穿上这身黑，就像跟地上一桶白浆较上了劲。

一间房子，一个屋顶四面墙，先刷屋顶后刷墙。屋顶尤其难刷，蘸了稀溜溜粉浆的板刷往上一举，谁能一滴不掉？一掉准掉在身上。可刷子李一举刷子，就像没有蘸浆。但刷子划过屋顶，立时匀匀实实一道白，白得透亮，白得清爽。有人说这蘸浆的手法有高招，有人说这调浆的配料有秘方。曹小三哪里看得出来？只见师傅的手臂悠然摆来，悠然摆去，如同伴着鼓点，和着琴音，每一摆刷，那长长的带浆的毛刷便在墙面“啪”地清脆一响，极是好听。这啪啪声里，一道道浆，衔接得天衣无缝，刷过去的墙面，真好比平平整整打开一面雪白的屏障。曹小三最关心的还是刷子李身上到底有没有白点。

刷子李干活还有个规矩。每刷完一面墙，必得在凳子上坐一会儿，抽一袋烟，喝一碗茶，再刷下一面墙。此刻，曹小三借着给师傅倒水点烟的机会，拿目光仔细搜索刷子李的全身。每一面墙刷完，他搜索一遍。居然连一个芝麻大小的粉点也没发现。他真觉得这身黑色的衣服有种神圣不可侵犯的威严。

当刷子李刷完最后一面墙，坐下来，曹小三给他点烟时，竟然看见刷子李裤子上出现一个白点，黄豆大小。黑中白，比白中黑更扎眼。完了！师傅露馅了，他不是神仙，往日传说中那如山般的形象轰然倒去。但他怕师父难堪，不敢说，也不敢看，可忍不住还要扫一眼。

这时候，刷子李忽然朝他说话："小三，你看见我裤子上的白点了吧。你以为师傅的能耐有假，名气有诈，是吧。傻小子，你再仔细瞧瞧吧——"

说着，刷子李手指捏着裤子轻轻往上一提，那白点即刻没了，再一松手，白点又出现，奇了！他凑上脸用神再瞧，原来那白点原是一个小洞！刚才抽烟时不小心烧的。里边的白衬裤从小洞透出来，看上去就跟粉浆落上去的白点一模一样！

刷子李看着曹小三发怔发傻的模样，笑着说："好好学本事吧！"

曹小三学徒的头一天，见到听到学到的，恐怕别人一辈子也不一定明白呢。

哦，船长，我的船长

惠特曼

哦，船长，我的船长！
我们险恶的航程已经告终，
我们的船安渡过惊涛骇浪，
我们寻求的奖赏已赢得手中。

港口已经不远，
钟声我已听见，
万千人众在欢呼呐喊，
目迎着我们的船从容返航，
我们的船威严而且勇敢。

可是，心啊！心啊！心啊！
哦，殷红的血滴流泻，
在甲板上，那里躺着我的船长，
他已倒下，已死去，已冷却。

哦，船长，我的船长！
起来吧，请听听这钟声，
起来，
——旌旗，为你招展
——号角，为你长鸣。
为你，岸上挤满了人群
——为你，
无数花束、彩带、花环。
为你熙攘的群众在呼唤，
转动着多少殷切的脸。
这里，船长！亲爱的父亲！
你头颅下边是我的手臂！
这是甲板上的一场梦啊，
你已倒下，已死去，已冷却。

我们的船长不作回答，
他的双唇惨白、寂静，
我的父亲不能感觉我的手臂，
他已没有脉搏、没有生命，

我们的船已安全抛锚碇泊，
航行已完成，已告终，
胜利的船从险恶的旅途归来，
我们寻求的已赢得手中。
欢呼，哦，海岸！
轰鸣，哦，洪钟！
可是，我却轻移悲伤的步履，
在甲板上，那里躺着我的船长，
他已倒下，已死去，已冷却。

后 记

字、词、句、篇四章都讲完了。必须强调的是，这样分章论述只是为了解析和交流的方便，诵读通常以作品为单位，在作品整体表现上下功夫才是最重要的。不要为诵而诵，诵是为了读，是为了理解和接受作品的感染，从而与听众共享，而不是为了炫耀技巧。

本书从书名开始就使用“诵读”这个词，而行文中又不时出现“朗读”和“朗诵”。应该说，这三个词是统一的，有着许多共同的内涵。朗读是最基本的，是口语表达的基础；朗诵则向高处提升，主要是以文学作品为内容，具有艺术性，有表演的成分。此二者都属于诵读，可视“诵读”为总称，要与“吟诵”区别。我们在书中所说的“诵”不包括“吟”和“唱”，是没有旋律和曲调的，此处须特别说明。

本书辅以音像教学手段。因为是以语音表达方式为主要内容，音像的呈现十分必要，读者在阅读本书的同时，也可作为听众参与其中。但音像部分并未将书中文字完全“翻译”成语音，主要是把对部分作品的分析以音像形式展现，使之立体化、形象化。对这些诵读作品的演绎，当然会起一些示范指导的作用，但绝不是唯一的标准。作为艺术化的诵读，诵读者的个体特征非常突出，同一篇作品于不同人完全可以有不同的处理，故不希望书中的诵读演绎限制广大读者的创造性，反而变成削弱生命力的“模板”。

近年来，一直从几位朗读大师孙道临、乔奇、陈醇、陈奇那里获得诵读方面的学习和指导。本书在编写过程中又得到了教委、语委、语协和朗诵协会及其领导多方面的关心、指导和帮助。倪闽景和王苏同志为本书撰写了高水平的序言，在此深表谢意。曹雷、郁嘉、黄雷和李珍茹等同志在成书过程中给予了很多帮助，陆澄照、刘安古、刘家祯、吴笑、李宗禹以及王珮瑜、赵兵等一批艺术家热情地参加了本书的诵读演绎与拍摄工作，为本书增色不少，都是应当表示感谢的。

当然，没有上海教育音像出版社的关心，特别是罗媛、段梦妃同志深入细致的编辑工作，本书是难以与读者见面的，此中的谢忱更是难以言表。

欢迎大家阅读使用本书，并提出宝贵意见。

过传忠

2021 年 7 月